쉽게 풀어 쓴

풍수지리사전

風水地理 辭典

서 문(序文)

풍수지리 사전을 발간하면서

이 책에는 처음 배우는 초학자 뿐만 아니라 개안하여 실무에 능통한 자 누구에게도 명당을 찾는 데 없어서는 안 될 모든 내용이 포함되어 있다.

명당은 생기가 많은 곳(葬은 乘生氣也라, 금낭경 기감편 제1항)을 찾아 부모님을 모시는 묘와 자손들이 성장하는 집터를 잡아 실행하면 반드시 그 자손에게 그 음덕이 온다.

지구상의 어느 민족이든지 고유의 전통과 풍속을 가지고 있듯이 우리 한민족에게도 5,000년의 장구한 역사를 이어온 미풍양속으로 집을 짓거나 장례 문화에 있어서 이 풍수지리 학문을 응용하고 있다.

오늘은 어제의 연속인 동시에 내일을 이어가는 길목이다. 풍수지리를 유지하고 있는 집안은 그 집안대로의 철학과 신념이 있다. 이러한 정신이 있었기에 대통령을 지낸 윤보선 집안은 수십 명의 지도자를 배출하였고, 부통령을 지낸 김성수 집안은 고려대학교를 설립, 명문 대학으로 육성하였다. 그 외 많은 집안들이 그들대로 가정의 태평을 이루고 있었으며, 이를 배척한 집안은 어려운 환경에 처한 것을 많이 보아 왔다.

필자는 25년 동안 풍수지리를 연구하면서 세 분 스승의 가르침을 거치면서 수백 명을 교육하고, 전국의 500여 기 작품을 만들면서 명당에서는 희열을, 흉지에서는 슬픔을 느꼈다.

동양대학교 평생교육원에서 풍수지리(초급 · 고급 연구 과정)를 강의하면서 교과서를 한글화하고 쉽게 배울 수 있도록 그림의 필요성이 절실하던 차에, 수년 전 경북 예천인 황용건(前 대림대학 근무) 선생으로부터 인수한 중국 고서인 지리육법대전(康熙乙卯 서기 1695년 발간), 청오경, 금랑경, 지리오결 등 수십 권과 수십 종의 산도를 번역하여 이 책을 출판하게 되었다.

끝으로, 안타까운 것은 지방에 가면 분금법도 모르면서 20여 년 이상 실무를 한 풍수들이 많은 것에 놀랐고, 또한 서적 한두 권을 읽고 도통한 것처럼 행세하는 풍수들도 많이 보아 왔다.

우리들은 풍수지리 하면 배우기 어려운 학문이라고 생각하기 쉬우나, 필자는 그 동안 많은 분을 교육하면서 연 24회(1회 2시간)로, 이 책을 완전히 이해하고 현장에 나가 실무를 하는 데 하등의 어려움 없이 완벽하게 재혈하도록 가르친 바 있었다.

여러분, 명당의 신비함을 보고자 하시는 분은 전화 011- 758- 7630으로 연락 주시면 소원은 꼭 이루어질 것이다.

을유년(乙酉年) 서기 2005년
원 곡(院 谷) 곽 민 석

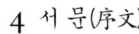

목 차(目次)

第四章　장택법(葬擇法)

第五章　양택론(陽宅論)

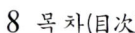

總論

第一章

총론

우리 나라의 葬事法에는 부모님이 돌아가시면
예로부터 내려온 관습에 의해
땅 속에 장사를 지내는 매장법과 화장법이 있다.
地中에 매장하는 장사법은 땅 속에 있는
生氣를 얻는 데 그 목적이 있다.
만일 生氣가 없는 곳에 장사를 지내는 것은
부모님의 시신을 버리는 것과 같다고
풍수지리서 금낭경에서는 말하고 있다.

第一節 생기감응론(生氣感應論)

葬은 乘生氣也라 (금낭경 기감편 제一항)

우리나라의 葬事法에는 부모님이 돌아가시면 예로부터 내려온 관습에 의해 땅 속에 장사를 지내는 매장법과 화장법이 있다. 地中에 매장하는 장사법은 땅 속에 있는 生氣를 얻는 데 그 목적이 있다. 만일 生氣가 없는 곳에 장사를 지내는 것은 부모님의 시신을 버리는 것과 같다고 풍수지리서 금낭경에서는 말하고 있다.

그러므로 현재의 매장법은 모두 풍수지리학에 의해 묘지 선정 좌향법과 장사 지내는 날까지도 길일을 선택하고 있다. 이는 지금으로부터 1,800여 년 전 中國 진(晉)나라 곽박(郭璞)의 저서 금낭경에서부터 유래되었고, 그 후 많은 先師들이 代를 이어 오늘까지도 전해내려 오고 있는 것이다.

生氣에 대하여 금낭경 기감편 一항 주문(註文)에서 장일행(張一行)께서는 다음과 같이 정의내렸다.

萬物之所生은 無箸於地中者인데 以地中有生氣故也라

葬骨은 求四勢(寅申巳亥)하고

宅八龍(八卦方位)하면 是乘生氣라 하였으며

地中에 生氣를 配之五行(金木水火土) 하였고

金生水 水生木 木生火 火生土 土生金이니

坐穴은 如來山으로 相生하고

放水(水口破口)는 如坐穴로 相生하며

年月日時도 又復相生이면 此 五行之生氣也라

乘之則吉 反之則凶이니 此自然之理也라

이를 부가하여 설명하면, 지상에 있는 만물이 生함은 모두 地中에 생기가 있기 때문이며, 장사를 지내는 것은 四勢(인신사해)에서 生을 구하고 팔괘방위에서 선택하면 이것이 생기를 얻는 법이라 하였다. 이는 이기론의 四局法, 포태법(절태법) 또는 팔괘 구성법을 응용한 것이다. 특히 來山, 坐穴, 放水의 상생을 말한 것은 이곳이 중요하다는 것을 알려 주었고, 다시 장사 지내는 연월일시까지도 상생하면 이것이 생기를 얻는 법이라고 하였다. 그렇기 때문에 오늘날 우리들은 부모님이 돌아가시면 풍수(일명 지관, 지사)를 모셔다가 길지를 잡고 장사를 지내는 것이다.

그러면 왜 매장해야만 생기를 얻을 수 있는가에 대하여 말하고자 한다. 사람들은 누구나 다 氣에 의해 생사를 같이 한다. 기절(氣絶)하였다 하면 죽음을 의미하고, 기생(氣生)하였다 하면 살아 있음을 의미한다. 사람들은 氣를 떠나서는 한시라도 살 수 없는 것이다.

우리 주위의 氣에 대한 몇 가지 말을 알아보면, '생기(生氣)가 난다',

'살기(殺氣)가 있다', '온기(溫氣)가 아직 있다', '한기(寒氣)를 느낀다', '기력(氣力)이 약하다', '광기(狂氣)를 부린다' 등등 수없이 많다. 요즘 공해에 시달려 사람들의 氣가 약해졌다고 하면서 기를 보충하는 각종 비법 (氣체조, 氣단전법, 氣를 보충하는 약재 등)이 동원되고 있으며, 氣의 중요성을 선전하고 있다.

그러면 풍수지리학에서 말하는 氣란 무엇인가? 사람의 피와 살은 氣가 모인 것이며, 이 氣가 응결된 것이 뼈(骨)이다. 그래서 사람이 죽어 매장하면 피와 살은 썩어 없어지고, 氣의 응결체인 뼈만 오래 갈 수 있는 곳을 찾았다. 그곳이 바로 길지이며, 명당이다. 이 길지 명당을 일정한 기준으로 설명하는 것이 바로 풍수지리학인 것이다.

우리는 흔히 주위에서 이런 말을 많이 들어왔다. 어느 누구는 조상의 묘를 이장하기 위해 묘를 파보았더니 뼈가 황골이 되어 온전하다든지, 어느 누구는 조상의 묘를 파보았더니 장사 지낸 지 몇 년도 되지 않았는데 뼈가 하나도 없이 소골되었다는 이야기들을.....
땅 속에 생기가 많은 곳은 황골이 되어 오래도록 소골되지 않는 것이다.

一. 생기(生氣)

生氣라는 것은 지상에 있을 때는 입으로 불면 바람이 되고, 하늘로 올라가면 구름이 되며, 땅으로 내려오면 비가 되는데, 이것이 地中으로 스며들면 이를 生氣라고 하는 것이다.

生氣는 지상에 있을 때는 형체도 있고 볼 수도 있으며 소리를 들을 수도 있으나, 지하로 스며들면 형체도 없고 볼 수도 없으며 소리도 들을 수 없다. 지상에 있는 모든 만물은 지중의 生氣 때문에 살고 있는데, 세상 사람들은 이를 알지 못하고 있는 것이다.

生氣란 陰(수분)과 陽(태양) 二氣의 합의에 의한 산물이다. 陰 홀로 生할 수 없으며, 그렇다고 陽 홀로 生할 수도 없는 것이다. 氣는 반드시 陰陽이 서로 돕고 감응함으로 生成의 일을 하는 것이다.

生氣는 지상, 지하, 사방팔방 어디에도 널리 퍼져 있는 것이다. 生氣가 많이 모여 있는 곳이 吉地 明堂이고, 생기가 적거나 없는 곳은 凶地 亡地이다.

地上의 生氣가 많은 곳은 산 사람의 陽宅地로 吉하고, 地中의 生氣가 많은 곳은 죽은 사람의 陰宅地로 吉한 것이다.

二. 동기감응론(同氣感應論)

동기감응론에 대하여는 금낭경에서 예를 들어 설명하였으므로 그대로 등재한다.

사람의 몸은 부모님에게서 받은 것이다(人受體於父母). 그러므로 부모의 유골의 생기를 얻으면 그 남겨 놓은 자손에게 음덕이 온다(本骸得氣면 遺體受蔭).

중국의 장일행 선사가 말하기를, 한(漢)나라 미앙궁(未央宮)에 어느 날 저녁 아무런 이유 없이 구리로 만든 종이 울렸다. 그 때 동방삭(東方朔)이 "이는 반드시 구리 광산이 무너졌을 것이다."라고 말하였다. 그 후 멀지 않은 서촉(西蜀) 땅 진령(秦領)에 있는 구리 광산이 무너졌다는 소식이 왔는데, 그 무너진 날짜를 헤아려 보니 바로 미앙궁의 종이 울린 그 날이었다.

이 때 황제께서 동방삭에게 "어떻게 그런 일을 알 수 있느냐?"고 물으니, 동방삭이 대답하기를, "종은 구리로 만든 것이고 구리는 구리 광산에서 나온 것이니 그래서 두 氣가 감응한 것은 마치 사람이 그 부모로부터 몸을 받은 것과 같은 이치입니다."라고 대답하였다. 황제께서 감탄하여 "물체도 그러한데 사람에게 있어서도 또한 같을 것이다."라고 말하였다.

이 모두가 자연의 이치이다. 이는 대개 本性의 근원이 氣를 얻으면 서로 감응하는 것이 마치 장사 지낸 부모의 유골이 生氣를 얻으면 그 자손이 왕성한 복을 얻는 것과 같다. 이와 같이 동기감응에 대하여 설명할 수 있다.

또 양자로 나아가 남의 代를 이을 때도 양부모의 음덕을 받는 것이며, 女子가 출가하여 남의 아내가 되었을 때는 남편 부모의 음덕을 받는다고 동기감응론에서 말하였다.

三. 생기층(生氣層)

氣는 볼 수는 없으나 흙의 형상으로 볼 수 있으니 당연히 풍수지리법에 의하여야 하며, 흙이 있는 곳에 氣가 있다.

山龍은 대체로 큰 몸을 하고 있으므로 은은융융(隱隱隆隆)한 곳에 氣가

뭉쳐 있다. 平野地는 땅의 형세가 작으므로 隱伏한 아래에 기가 뭉쳐 있다.

메마르고 건조한 땅에서는 흙의 층이 얇으므로 광중(壙中)을 얕게 파서 빗물과 주위의 못물에서 나오는 수증기를 용(用)하여 生氣를 얻는다. 平野地는 사방에서 불어오는 바람을 피하여 壙中을 깊게 판다. 그러나 너무 깊게 파면 태양의 溫氣가 미치지 못하여 生氣를 얻을 수 없고 시신은 냉동되므로, 아무리 吉地라도 發福하지 않는다고 하였다.

우리는 보통 壙中을 파기 전에 하는 말이 "壙中의 깊이는 몇 자입니까?"라고 한다. 이는 생기층이 몇 자가 적당하냐고 묻는 말이다. 지리서에 의하면 좌향(座向)에 따라 '몇 자 몇 치'라고 하고 있다. 그러나 현지에 가서 보면 表土(나뭇잎과 풀뿌리가 썩은 흙)의 두께도 곳에 따라 다르다. 다음으로 生土가 나오는데, 생토층의 두께도 천차만별이다. 이 생토층을 지나 혈토(穴土)가 나오는데, 이곳이 바로 生氣層인 것이다. 이 혈토층은 흙이 가늘고 부드럽기가 마치 밀가루 같으며, 습하고 건조하기가 적당하다. 이는 언뜻 보기에 흙도 아니고 돌도 아닌(非石非土) 층으로, 홍황자윤한 오색빛이 영롱하면 최상이겠지만, 이러한 곳은 그리 많지 않다. 그러므로 최소한으로 生土에는 장사 지내야 하겠는데, 좌향에 따라 몇 자 몇 치만 파라 하였다. 따라서 이를 기준하면 표토가 깊은 곳은 표토에 장사 지내게 되고, 표토가 얕은 곳은 돌층(石層)에 장사 지내기 쉽다.

현지에서 보아 생토 후의 혈토층이 생기층이니, 현장에서 보아 생기층을 지나거나 또는 미치지 못하는 일이 없도록 하여야 할 것이다.

四. 산지 불가장 오(山之不可葬 五) (금강경 산세편)

산에 장사를 지낼 수 없는 다섯 산이 있으니, 만일 이곳에 장사를 지내면 새로운 흉화가 생기고, 이미 있던 福祿도 사그러진다고 하였다.

1. 석산(石山)
生氣는 흙에만 있는 것으로, 석산에는 생기가 전혀 없다.

2. 단산(斷山)
生氣는 산맥을 따라 오는 것으로, 산이 끊어지면 생기도 같이 끊어진다.

3. 과산(過山)
일명 과룡이라 한다. 生氣는 산세를 따라오다가 산이 멈춘 곳에 같이 머문다. 이는 산이 멈추지 않고 계속 흘러가면 생기도 멈추지 못하고 산을 따라가기 때문이다.

4. 독산(獨山)
生氣는 전후좌우의 산과 물이 모여서 그 가운데에서 生하는 바인데, 사방에 산이 없으므로 독산에는 生氣가 生할 수 없는 것이다.

5. 동산(童山)
生氣는 초목이 자라는 땅에 있는 법인데, 산이 부서져서 초목이 시들고 험한 산으로, 초목이 살 수 없는 산은 生氣도 전혀 없다.

形氣論

第二章

형기론

룡은 산 줄기이며, 산 능선이다.

옛 선사들은 룡혈이 으뜸이고

사수는 다음이라고 하였는데,

이 원칙은 지금도 변함이 없다.

왜냐 하면 룡을 조상의 혈통으로, 혈을 나로,

사격은 주위의 접촉하는 이웃으로,

수는 사람들이 살아가는 데 필요한 재물로 보기 때문이다.

第一節 룡세론(龍勢論)

一. 룡(龍)의 행도

룡은 산 줄기이며, 산 능선이다.

옛 선사들은 룡혈이 으뜸이고 사수는 다음이라고 하였는데, 이 원칙은 지금도 변함없다. 왜냐 하면 룡을 조상의 혈통으로, 혈을 나로, 사격은 주위의 접촉하는 이웃으로, 수는 사람들이 살아가는 데 필요한 재물로 보기 때문이다. 그러므로 룡이 귀하게 생기면 귀인이 나고, 룡이 천하게 생기면 천인이 난다고 본다. 이는 혈통이 좋으면 좋은 자손이 나는 이치와 같다.

1. 태조산(太祖山)

룡을 찾는 법 중 가장 먼저 살펴야 하는 것이 조종산이다. 원근장단(遠近長短), 경중후박(輕重厚薄), 력량대소(力量大小)를 보아야 하는데, 태조산은 멀리 있어 그 진실을 알기가 어렵다.

세계의 태조산은 중국의 곤륜산(崑崙山)이고, 우리나라의 태조산은 백두산이다. 조종산이 높고 아름다우면 그 자손은 반드시 귀하게 된다.

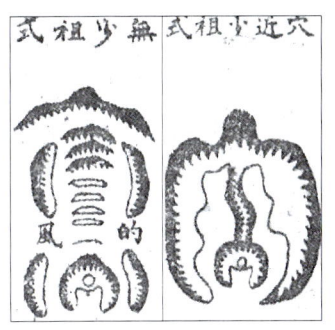

2. 소조산(少祖山)

일명 주산이라고도 하며, 결혈되기 전 수절 먼저 높이 솟은 봉우리로, 첨원방정(尖圓方正)이 분명하다. 절수가 멀면 복력이 적다고 하였으며, 결혈 전의 결은속기과맥(結烟束氣過脈)이 분명하여야 한다.

3. 간룡(幹龍)

심룡(審龍) 지법은 수원(水源)으로 정한다.

대간룡은 대강대하(大江大河)의 물을 끼고 있고, 소간룡은 대계대간(大溪大澗)의 물을, 대지룡은 소계소간(小溪小間)의 물을 끼고 있으며, 소지룡은 전원구혈(田源溝血)로서 구분한다.

중국 내 대간룡은 수천, 수백 리 밖에서 주성봉이 솟아 구름과 안개가 매일 서려 있다. 우리나라는 산세가 촉박하여 2~300리에 걸쳐 뻗어 있고, 짧은 것은 100여 리에도 못 미친다.

산맥을 분별할 때 중출맥(中出脈)은 간룡(幹龍)이고, 좌우로 뻗어 있는 편출맥(偏出脈)은 지룡(枝龍)이다.

4. 지룡(枝龍)

산룡을 나누면 간룡은 적고, 지룡은 많다. 혹 3, 4절이나 5, 6절 불구하고 穴을 얻어서 장사 지내면 귀한 사람 1, 2명이 나고, 부자는 수십 년 지속된다.

5. 고산룡(高山龍)

형세가 험하고 높은 산을 말하며, 혈은 산이 끝나는 산기슭에 많다.

6. 지룡(支龍)

평지의 룡을 말한다. 천리평이 일망무제(千里平夷 一望無際), 넓은 평야에서 한 치가 높으면 룡으로 보고 한 치가 낮으면 물로 보는데, 이는 온 정신을 마음에 집중하고 눈으로 분명하게 가려 내어야 하는 룡이다.

금낭경에 복지여수 복룡여족(卜支如首 卜龍如足)이라 하여 지룡의 혈은 머리에 있고, 산룡의 혈은 산기슭에 있다고 하였다.

7. 방정(旁正)

정룡(正龍)은 산룡의 한가운데 줄기이며, 그 산의 氣는 이곳으로 흐른다. 방룡(旁龍)은 정룡을 호위하는 룡이다.

8. 진가(眞假)

룡은 참룡과 거짓룡으로 구분한다.

진룡(眞龍)은 산 모양이 반듯하고 활동적이며, 혈법에 분명 합법한 룡으로서, 하수사가 유력하고 명당이 바르고 평평하다. 앞에 안산을 비롯하여 현무(玄武), 주작(朱雀), 청룡(靑龍), 백호(白虎) 사신사가 유정하고, 수구가 모두 법에 맞으면 이 룡은 하늘이 만들고 땅이 벌려놓은 곳 반드시 生成의 氣가 넘치는 룡이다.

가룡(假龍)은 사람의 착오가 심하여 눈이 어리고 정신이 흐려져서 룡은 다를 것이 없으나, 결인속기 도두점에 결점 등이 있어서 취할 수 없는 룡이다.

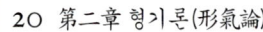

9. 귀천(貴賤)

룡의 귀천을 보는 법으로 마땅히 조종산을 본다.

귀룡(貴龍)은 열 산의 아홉 맥이 개장 천심하였고, 산의 수려함이 많으며, 주위에 호위하는 산이 많다. 따라서 이곳의 혈은 자손이 반드시 귀하게 된다.

천룡(賤龍)은 귀룡과 같이 중출맥으로 개장 천심하였으나, 그 룡의 다리가 지네와 같이 많고 앙상하여 산의 영송(迎送)이 불분명하다. 이곳에 혹 혈이 있어도 발복되지 않는다.

보감편(寶鑑編)에 이르기를,

山厚하면 人肥하고　山庾하면 人饑하고　山淸하면 人貴하고,

山破하면 人悲하고　山歸하면 人聚하고　山走하면 人離하고,

山長하면 人勇하고　山縮하면 人低하고　山明하면 人達하고,

山暗하면 人迷하고　山順하면 人孝하고　山逆하면 人欺한다.

10. 장단(長短)

룡의 장단이 다른 것은 혈이 크게 맺었느냐 작게 맺었느냐에 있는 것이지, 룡의 길이에 장단이 있는 것이 아니다.

소룡도 2, 30리 혹은 5리 내에서도 좋은 룡이 있다. 하필 千리, 百리 먼 곳에 있는 것이 아니라, 룡의 전후좌우에 호위해 주는 산이 많은 곳이 좋은 곳이다.

11. 노눈(老嫩)

노룡(老龍)은 큰 산으로, 산봉우리의 모골이 추하고 혼탁하다. 과일나무에 비유하였을 때 본가지 몸통에 해당하여 이곳에는 결혈처가 없다.

눈룡(嫩龍)은 과일나무에 비유하였을 때 새순에 해당하며, 환골탈태한 룡으로, 이곳에는 결혈처가 많다.

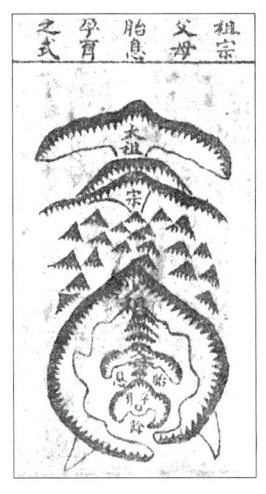

12. 부모태식잉육(父母胎息孕育)

모든 산은 각기 조종산으로부터 부모태식잉육을 거쳐 형상이 이루어지고, 형상이 안정하면 그곳의 혈을 취한다.

아버지가 나를 낳고 어머니가 나를 기른다. 현무정 뒤의 1절을 부모, 낙맥처를 태라 하고, 부모의 혈맥속기처를 식이라 한다. 母의 수태로써 태를 기르고, 현무정을 잉이라 하고, 태가 남녀로 성장하여 머리와 얼굴의 형체가 되며, 결혈처를 육이라 하고, 태가 성장하여 자식으로 출생하는 것이다.

13. 입수(入首)

천리래룡에서 도두점까지를 보는 것이다. 아름답고 추한 제반룡격은 입수 3, 4절 아래에서 보며, 조산을 기준으로 용세를 살핀다. 주마(走馬)·관주(串珠)·삼태(三台)·옥자(玉字)·지자(之字) 등등은 귀격으로 보고, 겁약(怯弱)·사경(死硬)·직장(直長)·무지각(無枝脚) 등등은 흉격으로 본다.

입수길룡식

멀리 있는 룡은 흉격이지만, 입수가 혈 가까운 곳에서 박환 변화 좋은 룡이 되면 吉한 것이다.

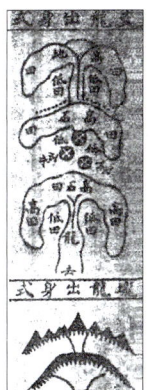

입수흉룡식

멀리 있는 룡은 길격이었으나, 혈이 가까울수록 룡이 변하여 아름답지 못하면 흉룡이 된다.

14. 출신(出身)

룡의 출신을 살피는 법은 산의 발맥처이고, 한산 아래의 미악길흉(美惡吉凶)을 보는 데 가장 중요점은 대룡(大龍)은 중출맥(中出脈)에 있고, 다음 룡은 나뭇가지에 비유하였을 때 가지가 많고, 잎이 무성하여야 한다.

고산룡(高山龍)과 평지룡(平地龍)을 주의해서 보아야 한다.

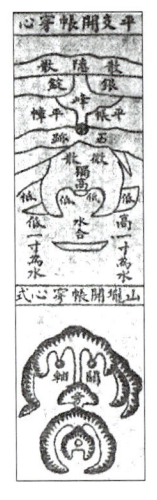

15. 개장(開帳)

　개장 천심은 룡이 앞으로 전진할 때 좌우로 날개를 사람의 어깨와 같이 크게 벌려 장막을 치는 것이며, 그 중 가운데로 나온 중출맥이 천심이다.

　金水형이 上이고, 水형은 다음이다. 큰 돌이 왼쪽에 있으면 천관이라 하고, 오른쪽에 있으면 지보라고 한다. 그 모양이 거북, 뱀, 관주(串珠), 도장, 검, 해와 달 같으면 길한 것이다.

※산룡개장천심식과 평지개장천심식은 보는 법이 다르니, 그림을 보고 연구하기 바란다.

16. 박환(剝換)

　룡이 앞으로 행할 때 방향 변경 또는 분룡으로 지상 지하의 모든 거칠고 험한 살(바위, 돌 등)을 벗어 던지고 수려하고 유연한 산으로 전환하는 과정을 말한다. 그러므로 노룡이 눈룡으로, 흉산이 길산으로 변한다.

　왼쪽 그림은 화개산에 2, 3절 후 귀인봉이 솟고, 수성장맥으로 목성, 문성을 거쳐 토산이 되었으며, 금성의 연주로 팔자를 거쳐 혈을 맺은 것이다.

　노룡은 스스로 눈룡으로 변하여 흉한 것이 길한 룡이 된다. 박환식은 金星 발조하여 수성으로 박환하고, 다음 水星이면 水生木, 다음으로 木生火, 火生土 이러한 룡은 부귀 발복한다.

17. 과협(過峽)

룡의 결은속기처로, 간룡에는 반드시 이곳을 잘 살펴야 하는 곳이다. 이는 룡의 정이 나타난 곳이기 때문이다. 옛 선사께서도 지리 공부에 룡을 볼 줄 알고, 룡을 보는 데 과협처를 잘 살펴야 한다고 하였다. 이는 과협처가 룡의 생사를 분별하기 때문이다.

과협의 종류는 陽陰, 曲直, 長短, 高穿, 渡水, 蜂腰, 鶴膝 등으로 구분한다.

평지의 과협이나 산룡의 과협도 다른 것이 없고, 단지 분수가 표준이 되는 것이다. 평지에 과협이 없으면 이는 진룡이 아니다.

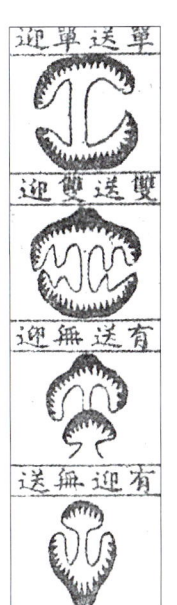

18. 영송(迎送)

맥을 잇는 산을 중앙으로 양 팔뚝 쪽의 호위산을 말한다.

보내는 산(送山)이 있고, 맞이하는 산(迎山)이 있어야 한다. 이 중 과협을 돌아보면 그 정이 참되고, 몸에 있는 지각(枝脚)은 더욱 좋으며, 또한 길어야 한다.

19. 강협(扛夾)

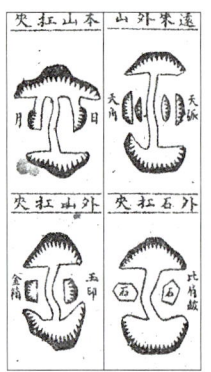

맥을 따라 양방에 객산이 와서 과협을 호위하는 것을 말한다. 본산이 특별히 양방에서 상응(相應)하는 것을 강(扛)이라 하고, 외산이 물을 건너 멀리서 와서 과협처를 상응하는 것을 협(夾)이라 한다.

강협이 가장 기뻐하는 것은 형상(形象)이 있는 것이니, 해(太陽) 달(太陰) 상응과, 돈상자(金箱) 옥쇄(玉印) 상응과, 좌우의 돈석(燉石)이 상응하는 것을 견고(肩鼓)라고 하며, 좌우에 兩峰이 있어 상응하는 것을 天弧天角이라 한다.

20. 지각요도(枝脚橈棹)

지각요도(枝脚橈棹)는 룡의 귀천미악(貴賤美惡)을 판별하는 기준이 되며, 이는 氣를 나누는 것이다. 래룡의 방향 전환을 도와 주는 한편, 룡을 나누어 본룡을 도와 준다.

지각이 지나치게 크거나 길면 본룡의 氣를 빼앗기 때문에 해로우며, 지나치게 적거나 짧으면 본룡을 보호할 수 없다.

지각(枝脚)의 종류(種類)

오동지

룡의 몸 지각이 균일하여 귀격에 이른다.

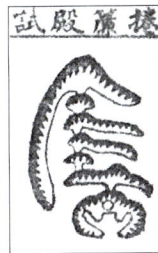

권렴전식

지각이 한편으로 일어난 극귀룡이다. 지각이 한편으로 生하는 것을 불문하고 주로 장원 급제한다.

기재지

지각이 상호 교환하지 않아 그 힘이 가벼우나, 역시 귀한 룡이다.

겸가지

상호 룡의 상호 교환이 고르므로 역시 귀한 룡이다.

지각단

이 룡은 지각이 없으나 양편에 호위하는 산이 가깝게 있어서 길하다. 이를 오공(지네)룡이라 한다.

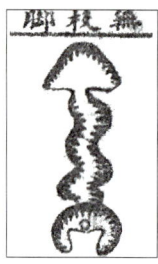

무지각

    룡의 활동이 산뱀과 같이 흔들고 가는데, 본산에 있는 룡호가 주밀하여 혈을 따뜻하게 하는 격으로, 최고로 좋은 격이다.

양류지

    룡이 한편으로 치우쳐 있다. 주로 관직이 있으나 고르지 못하다. 그러나 한편으로 치우쳐 있어도 형과 혈이 있으면 주로 자손 부귀가 많다.

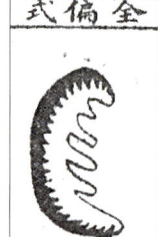

전편식

    이 룡도 양류지와 같이 관직이 고르지 못하다. 이러한 룡을 노예산이라 하며, 이러한 곳에는 혈이 없다.

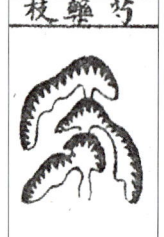

작약지

    지각의 길고 짧은 것이 고르지 못하다. 역시 귀인이 나온다. 좌우가 상생하고 나누는 곳이 둥글며, 지룡이 서로 교환되어 고르게 되면 최귀하다.

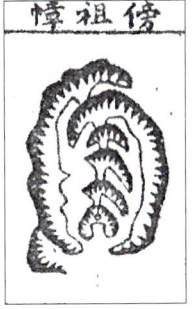

방조장

일조를 향하여 천산이 노예로써 호위하고 있는 룡이다.

조종에 의지하여 발복이 크다. 이를 보고 늙은 간룡에 기대고 혈을 맺었다고 한다.

21. 호송(護送)

진룡에는 호위산이 많다. 유정하게 읍하고 있다. 혈전 三중 五중 전호이면 복이 오래도록 지속되고, 一중 호위에 一대귀이며, 호위 천리이면 대부귀이다.

귀룡에는 호종산이 많다. 대부귀 자리는 요즈음 대통령 행차시 경호원이 앞뒤에서 경호하는 것과 같이 호위하는 산이 많다.

22. 정역(停驛)

주필산이라고 하며, 행룡이 잠시 머물러 쉬어가는 곳이다. 이곳에서 분룡이 많이 이루어진다.

23. 행지(行止)

행(行)은 래룡을 말하며, 래룡이면 脈來하고, 지(止)는 래룡이 결혈지에 이를 즈음이면 형으로 멈추고 현무가 단정하고 제산이 돌아보아 좌우에 따라 주는 시종사가 혈장을 에워싸고 수구가 관쇄하면 룡은 자연 멈추고 생기는 모여드는 것이다.

24. 배면(背面)

배면(背面)은 룡의 유정 무정을 알 수 있는 법이다. 개면처는 자연적으로 양명수려하여 사람의 얼굴과 같이 정답게 보이며, 이러한 곳에 결혈처가 있다. 배면처는 산이 높고 급하며, 기울고 험하며, 산수가 무정하게 등을 돌린 곳으로, 결혈지가 없다.

25. 분벽(分擘)

분벽(分擘)룡은 룡의 좌우로 지각을 나누는 것을 말한다. 正來하면 吉하고, 지각이 귀하게 번성하는데, 방룡과 정룡의 존비(尊卑)가 같지 않다. 혹 지각을 나누는 것이 태중화이면 정기가 분산되고, 력경기약(力輕氣弱)으로 결혈 불능하다.

26. 빈주(賓主)

결혈산이 주인이고, 조영산이 손님이다.

최고로 중요한 것은 주빈 형세가 상등하고 꺼리는 것은 손님산이 주인산을 능압하는 것이다.

27. 노종(奴從)

진룡에는 호위 조영 등 많은 산이 따르고, 결혈지에는 룡호가 따르고 모든 산이 둘러 있어 자연 응하는 것이다.

뒤에 있는 산을 낙산(樂山), 앞에 있는 산을 안산(案山), 조산(朝山)으로 둘러 있는 산을 전(纏), 분주하게 서로 읍한 산을 영(迎), 줄지어 좌우에서 보위하는 산을 보(輔)라 한다.

二. 룡(龍)의 삼세(三勢)

1. 산룡(山龍)

높은 산의 룡으로, 절벽, 암석 그리고 경사가 급하고, 형세의 기복이 웅장하고 변화무쌍한 기세 왕성한 룡이다. 初落穴이 맺을 수 있으나, 바람에 드러날 위험이 많으며, 특히 바람에 조심하여야 한다. 이곳에는 기복격(起伏格)이 많다.

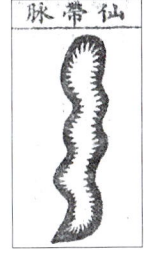

2. 평간룡(平岡龍)

야산의 능선으로, 그 형세가 좌우 굴곡, 위이 분주하며, 산뱀이 산을 내려오는 것과 비슷한 룡이다. 선대맥으로 중락혈(中落穴)을 맺을 수 있는 룡으로 결혈처가 많으며, 대혈도 많다.

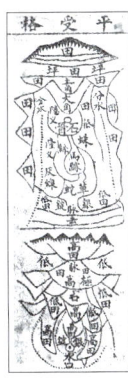

3. 평지룡(平支龍)

평평한 들판 또는 밭 등에서 넓고 넓은 곳에 그 형세가 은맥(隱脈)으로 地中에서 일어나서 맥이 끊임없이 이어져서 계수(界水)가 분명한 평수맥(平受脈)으로, 말낙혈(末落穴)을 맺는다. 특히, 물의 침입을 당할 염려가 있으니 물을 조심하여야 한다.

三. 룡(龍)의 십이격(十二格)

　　룡의 행진과 외모 형상을 눈으로 보고 관찰하여 판별하는 방법이다. 대개 십이룡격(生死, 强弱, 順逆, 進退, 禍病, 劫殺)으로 나누고 있다. 그러나 룡의 구분이 그리 쉽지 않아서 이를 四格(생왕사절)으로 나누어 말하기도 한다. 그러나 대개 십이룡격으로 論하고 있으므로, 이를 다음과 같이 설명하고자 한다.

1. 생룡(生龍)

　　조산 출발 이후 一起 一伏하면서 좌우 활동이 활발한 생기 넘치는 룡이다.

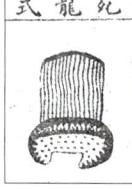

2. 사룡(死龍)

　　조산 이래 起伏이 전혀 없고, 조잡하고 굳어 있는 룡이다. 지각이 없어 마치 나무토막 또는 죽은 뱀과 같이 생동감이 전혀 없는 룡이다.

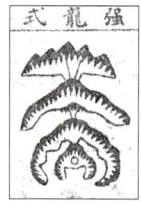

3. 강룡(强龍)

　　조산 출발 이후 형세가 웅장하고 행도 분주하여 기세 강성한 룡이다.

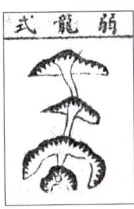

4. 약룡(弱龍)

성봉(星峰)이 유약하여 산의 힘줄과 뼈가 노출되고 기복도 없이 축 늘어져서 형체가 비쩍 마른 룡이다.

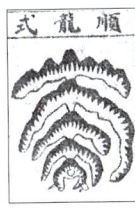

5. 순룡(順龍)

조산 이래 날개를 벌리며 전진하여 점점 얕아지면서 좌우에 환포가 조밀한 룡이다.

6. 역룡(逆龍)

순룡과 반대로 성신(星辰)과 지각이 뒤로 발달하고 결혈처의 룡호가 역으로 뻗어 나간 룡이다.

7. 진룡(進龍)

조산 이래 지각이 고르며, 행진의 기복이 질서 있고, 험한 산에서 부드러운 산으로 박환하여 노룡(老龍)에서 눈룡(嫩龍)으로 완전히 변한 룡이다.

8. 퇴룡(退龍)

진룡과 반대로 성신과 지각의 차서가 역으로 작고, 앞으로 행도할수록 커져서 룡은 낮고 혈은 높게 맺는 룡이다.

9. 복룡(福龍)

조산 출발 이후 전후좌우의 시종사가 주밀하게 보호하여 마치 복 많은 사람이 안락하게 살고 있는 것과 같은 룡이다.

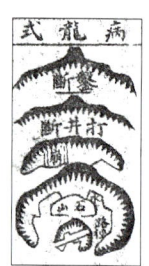

10. 병룡(病龍)

조산 출발 이래 한 번은 길하고 한 번은 흉하여 아름답고 추악한 것이 서로 접하여 있고, 산에서 흙과 돌을 파가서 산이 파혜쳐져서 병이 들어 있는 룡이다.

11. 겁룡(劫龍)

좌우의 지각이 분명하지 않고 정룡과 방룡의 구분도 어려우며, 지각은 반대로 달아나고 뾰족한 바위나 돌 등이 많아서 생기가 모일 수 없는 곳이다.

12. 살룡(殺龍)

험한 바위나 돌산으로 살기를 벗지 못한 룡으로, 험악하고 거칠며, 뼈가 드러나고 파쇄되어 보기에 흉한 룡이다.

그러므로 생룡, 강룡, 순룡, 진룡, 복룡은 吉한 룡이고, 사룡, 약룡, 역룡, 병룡, 겁룡, 살룡 등은 凶한 룡이다.

四. 출맥삼격(出脈三格)

출맥삼격이 있다. 중출맥은 최길하며, 좌출맥은 다음이고, 우출맥은 그 다음이다.

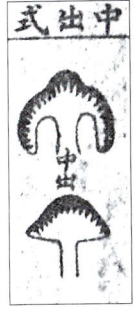

1. 중출맥(中出脈)

력량(力量)이 크며, 주로 거부 현귀한다. 현인, 군자가 많다.

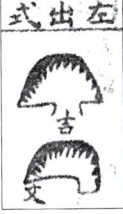

2. 좌출맥(左出脈)

좌측에 있으며, 형세가 좌측이 작고 우측이 넓다. 양측이 고르지 못하며, 선익의 선대맥으로 결혈한다.

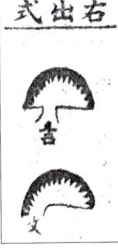

3. 우출맥(右出脈)

우측에 있으며, 형세가 우측이 작고 좌측이 넓다. 양측이 고르지 못하며, 앞으로 가서 결혈한다.

4. 호맥사식(護脉砂式)

모든 맥의 좌우에는 가느다란 형적(形跡)이 있어서 맥을 보호한다. 이를 선익(蟬翼)이라 하고, 선익 양방에서 맥을 보호하는 사(砂)를 선대(仙帶)라 한다.

五. 입혈 십이맥(入穴 十二脈)

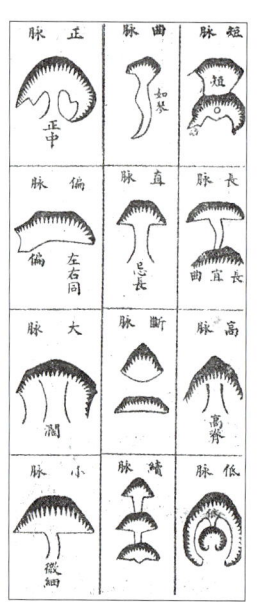

결혈에는 반드시 입수하기 전에 결은속기처를 맥이 통과하여 입혈하는데, 이는 입수처에서 살펴야 한다.

정맥, 편맥, 대맥, 소맥, 단맥, 장맥, 고맥, 저맥, 곡맥, 직맥, 단맥, 속맥으로 구분된다.

六. 입수 오격(入首 五格)

혈장을 맺을 즈음하면 모든 룡은 입수 도두하게 되어 있다. 그러므로 입수처는 매우 중요한 것이다.

1. 직룡입수(直龍入首)

직룡은 중출맥으로 입수하여 기세가 왕성하고, 발음(發蔭)이 빠르며, 여기(餘氣)는 전순이 된다.

2. 횡룡입수(橫龍入首)

래룡의 룡맥이 좌우 한쪽으로 와서 결혈하는 룡맥으로, 이 때에는 반드시 혈 뒤로 귀성(鬼星)이나 락산(樂山)이 있어야 한다.

3. 회룡입수(回龍入首)

조종산에서 출발한 래룡이 몸을 바꾸고 방향을 전환하여 조종산을 돌아보고 결혈하는 룡이다. 이 때 조종산이 높아 혈장이 압박을 받아도 이는 흉으로 보지 않는다.

4. 비룡입수(飛龍入首)

사방 산이 높게 응산(應山)이 되면 생기가 높게 모이므로 높은 곳으로 결혈지가 생기는 것이다. 그러나 혈장 앞이 평탄하여 안정감이 있어서 높다는 느낌이 전혀 없어야 한다.

5. 잠룡입수(潛龍入首)

평야지에 결혈하는 룡으로, 평수맥으로 평지의 높은 곳인데, 수세가 환포하여 상분하합(上分下合)이 분명하여야 한다.

第二節 혈장론(穴場論)

一. 혈장(穴場)의 중요성

穴場은 모든 氣가 완전히 취결되는 곳으로, 래룡이 밀려와서 쌓이고 래룡이 물을 만나 멈추게 되면 氣도 또한 멈춰 生氣를 얻게 되는 것이다. 이 곳에 안장하면 이곳은 천광이 조림하고 산천이 조읍(朝揖)하는 곳으로, 산천의 모든 정신이 이곳에 집중된다.

穴場은 사람의 시신을 장사 지내는 땅의 핵심지이다. 시신이 땅에 들어가면 陽氣인 태양의 溫氣와 陰氣인 땅의 수분의 냉기가 상승 작용을 일으켜서 사람의 살과 피는 썩고 뼈만 오래도록 남아 땅 속의 생기를 받아 백골이 편안하면 유체인 그 자손에게 화와 복이 동기감응에 의해 돌아가는 것이다.

그러므로 선사들께서는 최고 좋은 혈은 신명(神命)이 지키기 때문에 사람이 쉽게 찾을 수가 없다고 하였다.

룡의 배가 어디이고 등이 어디인지 캄캄하면서 어떻게 룡의 허와 실을 알 것인가? 참다운 혈을 찾기 위해서는 룡 공부 3년, 혈 공부 10년이 소요

된다고 하여 혈 공부의 어려움을 말하였다. 또한, 천리래룡(千里來龍)에 일석지지(一席之地)라 하여 진혈대지가 많지 않음을 알리었다. 그러나 래룡이 참되고 혈이 확실하면 모든 길한 사격과 물들이 자연히 응하여 모이게 되어 이를 자연의 조화라고 하였다.

二. 혈상(穴相)

穴의 구성은 승금(乘金), 상수(相水), 혈토(穴土), 인목(印木)에 사상(四相)이 있다고 금낭경 형세편에서 말하였다.

그 후 학자들이 이를 연구하여 여러 가지 법을 말하였으며, 사상(四相) 중 삼상(三相)이 아름답고 일상(一相)만 불합하여도 혈이 아니라고 하였다. 사상(四相)을 한 덩어리로 보아 이는 그림자는 있어도 형체가 없고(有影無形), 또한 이름은 있어도 볼 수 없으므로(有名不見) 혈은 반드시 마음의 눈(心眼)으로 판별할 수 있다고 하였다.

대혈, 소혈의 구분은 혈형의 대소 광협에 있는 것이 아니고, 혈장의 氣가 많이 취결되었는가 아닌가에 있는 것이다.

1. 승금(乘金)

혈의 생기처로 결혈에는 반드시 원정은은(圓淨隱隱)하고, 혈장을 지배할 수 있는 기상이 있어야 한다. 이곳은 산천정기의 취결지로 아름답고 풍비원만한 생뇌(生腦)로 본다.

2. 상수(相水)

혈토 주위 약간 낮은 곳으로, 빗물이 혈토 쪽으로 흐르지 못하도록 분수하였다가 혈토 아래에서 합하여 혈장 밖으로 흐르게 한다.

3. 혈토(穴土)

혈장 중심부의 약간 높은 곳으로, 태극훈(太極暈) 또는 원훈(圓暈)이라하고, 혈장의 핵심으로 승금, 선익, 전순이 감싸고 있다.

※ 토색은 홍황자윤(紅黃滋潤)하고, 토질(土質)은 견고유연하여 조습(燥濕)이 균일한 흙도 아니고 돌도 아닌 것이 진혈이다.

4. 인목(印木)

혈토를 감싸고 흐르는 상수에 산류(散流)를 방지하고 혈토 앞에 상수를한곳으로 모을 수 있도록 감싸고 있는 약간 높은 미고선(微高線)이다.

혈상을 자세히 알기 위하여 다음 몇 가지를 부가 설명한다.

5. 선익(蟬翼)

유돌혈(乳突穴) 곁에 생기며, 미망사(微茫砂)로 승금의 진기를 혈토로입중시키고 혈토 밖을 감싼 선이다.

소임은 분수와 기를 보호하는 데 있다. 매미의 큰 날개를 경익, 얇은 날개를 연익, 이를 합하여 선익이라고 한다.

6. 우각(牛角)

와겸혈(窩鉗穴) 곁에 생긴 미망사로, 마치 소뿔과 같이 생겼다 하여 우각사(牛角砂)라고 한다.

7. 전순(顫脣)

진혈의 여기 발로처로, 소임은 합수 보기(合水 補氣)이다. 견고 무결하여야 하며, 원만 풍비하고, 상수의 상분하합을 도모하는 데 있다.

8. 하수수(蝦鬚水)

유돌혈의 인목과 혈토 사이의 미망수이다.

약간 낮은 선이 감싸 안아서 穴中의 생기를 보호하는 소임이며, 낮은 쪽으로 이어지는 것이 두꺼비수염과 같다 하여 붙여진 이름이다.

9. 해안수(蟹眼水)

와겸혈의 우각 현능과 혈토 사이의 미망수이다.

낮게 감싼 선으로 穴中 생기를 보호하는 소임이며, 혈 옆 둥그런 능선 위의 양 겯으로 미미하게 얕은 한 점이 게눈과 같다 하여 붙여진 이름이다.

三. 혈형(穴形)

옛 글에 결혈은 地中 생기를 얻으면 陰陽으로 화하여 와겸유돌의 형상으로 이루어진다고 하였다. 이를 태극이라 하여 현재까지 바르게 전하여 오는 혈법의 바른 길이다.

陽穴은 앙장(손바닥을 위로 편 形)으로 원즉 와혈, 장즉 겸혈이 되어 陽이니 陰 찾아 재혈(천장 얕게 파고)한다.

陰穴은 복장(손바닥을 아래로 엎어놓은 形)으로 장즉 유혈, 단즉 돌혈이 되어 陽 찾아 재혈하되 심장(깊게 파고)한다.

1. 와혈(窩穴)

오목한 형으로 혈성이 개구하고 좌우의 우각사가 곡포하여 그 형이 닭 둥우리 제비집 같고, 주로 높은 산에 많다. 천와(淺窩), 심와(深窩), 협와(峽窩), 활와(闊窩) 등으로 좌우가 고른 것이 정격이고, 고르지 않은 것이 변격이다.

左右가 교합한 것이 장구와(藏口窩)이고, 좌우가 교합하지 않은 것이 장구와(張口窩)이다. 와중 돌처에 장사하면 양중배음법이다.

2. 겸혈(鉗穴)

양다리를 벌린 형을 개각혈(開脚穴)이라고 한다. 두정이 원만하고, 양변 계수가 분명하고, 겸중의 미돌이 진(眞)이며, 원진수의 직거(直去)는 꺼리며, 고산 평지에 결혈되며 관정(貫頂)되어 림두수(淋頭水)의 침입을 꺼린다.

좌우 우각사의 직곡장단쌍(直曲長短雙)은 정격이고, 변직(辺直), 변곡(辺曲), 변장(辺長), 변단(辺短)은 변격이다. 겸혈 중의 훈각(暈角)에 장사하면 양중배음법이다.

3. 유혈(乳穴)

좌우의 선익사 양팔을 벌리고 중간에 여인의 유방이 있는 것과 같은 형으로, 고산 평지에 결혈된다. 장단대소가 정격이고, 쌍유방, 삼유방은 변격이다. 좌우의 양팔이 완전히 감싼 것도 있고, 양팔이 궁포(弓抱)만 하고 감

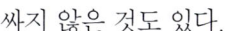

싸지 않은 것도 있다.

유형은 특히 바람을 꺼리며, 유혈 중의 평평한 곳에 천광하면 음중배양법이다.

4. 돌혈(突穴)

복종(伏鐘) 복부(伏釜)형으로, 고산과 평지에 결혈된다. 대소가 정격이고, 쌍돌, 삼돌은 변격이다.

고산의 돌혈은 바람을 꺼리므로 좌우 환포하여 보기(保氣)하여야 하고, 평지의 돌혈은 물을 겁내는 고로 계수가 분명하고 수세가 환포하여야 한다.

돌혈 중의 요함한 곳에 천광하면 음중배양법이다.

四. 발음법(發蔭法)

1. 금성(金星)제혈

좌향으로, 申庚酉辛乾坤艮이면 득지기왕(得地氣旺)이다. 주로 출생하는 자손의 인상은 결백하고 심성은 명달(明達)하다.

이 혈은 금수생인에게 巳酉丑년에 발복한다.

2. 목성(木星)제혈

좌향으로, 寅甲卯乙巽이면 득지기왕이다. 주로 출생인의 인상은 청수(淸秀)하고 심성은 탄이(坦夷)하다.

이 혈은 목화생인에게 亥卯未년에 발복한다.

3. 수성(水星)제혈

좌향으로, 壬子癸亥이면 득지기왕이다. 주로 출생인의 외모는 청결(淸潔)하고, 심성은 소통(疎通)하다.

이 혈은 금수생인에게 申子辰년에 발복한다.

4. 토성(土星)제혈

좌향으로, 辰戌丑未 坤艮巳午이면 득지기왕이다. 주로 출생인의 외모는 비후(肥厚)하고, 심성은 관굉(寬宏)하다.

이 혈은 토생인에게 발복하고, 申子辰년에는 발화한다.

五. 혈증론(穴證論)

진혈(생기취결처)에는 반드시 중산중수가 와서 멈춘 곳으로, 진혈을 증명하는 근거가 있는 것이다.

1. 조산(朝山)증혈

조산은 반드시 형이 있으므로 양명 수려한 산으로 여러 산 중에서 가장 돋보이는 산이다. 조산이 높으면 혈도 높고, 조산이 낮으면 혈도 낮은 곳에, 조산이 가까우면 혈은 높은 천혈을 취하여 혈장이 압박에서 벗어나야 하고, 조산이 멀면 혈은 낮은 지혈을 취하여 명당 내 생기의 흩어짐을 막아야 한다.

우측의 사격이 수응하면 혈도 우측에 있고, 좌측의 사격이 수응하면 혈도 좌측에 있다. 만일 외형이 수려하다 하여 멀리 있는 명산만을 탐하지 말

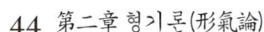

고, 가까운 안산이 더 중요한 것이다. 이는 멀리 있는 친척보다 가까운 이웃 사촌이 나에게 미치는 영향이 더 크다는 것이다.

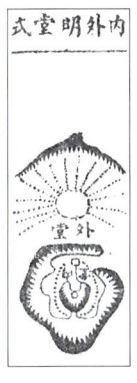

2. 명당(明堂)증혈

여러 물이 모여 합치는 곳으로, 사람이 살아가는 데 필요한 창고에 해당된다. 명당은 3종류가 있으며, 특히 수구(창고의 문)의 관쇄가 중요하다.

대명당(룡호 밖에 흐르는 물과 안산 안의 취합처)은 중명당의 간절함만 못하고, 중명당(룡호 안 모든 물의 취합처)은 소명당의 긴요함만 못하다.

소명당의 유무는 혈에 생기가 있느냐 없느냐를 분별하는 곳으로, 혈장의 미망수가 상분하합되어야 하며, 사람이 옆으로 누울 정도이면 충분하다.

3. 수세(水勢)증혈

중수의 취합지이며 자연의 이치이니, 수성이 환포하면 물의 충격을 받지 않는 길지가 된다. 물이 좌측 명당으로 모이거나, 수성이 좌측 변을 궁포(弓抱)하면 혈은 좌측에 있고, 물이 우측 명당으로 모이거나, 수성이 우측 변을 궁포하면 혈은 우측에 있다.

물이 중앙 명당으로 모이거나 수성이 원포(遠抱)하면 혈은 중앙에 있다. 수원(水源)이 멀리서 오면 명당이 넓어서 혈은 높은 곳에 있고, 원진수가 길면 국세가 순세이므로 혈은 낮은 곳에 있다.

4. 낙산(樂山)증혈

횡룡 결혈지는 반드시 혈장 뒤에 낙산(나를 보호하는 자)이 있어 혈장을 보호하는 것이다.

낙산이 좌측에 있으면 혈도 좌측에 있고, 낙산이 우측에 있으면 혈도 우측에 있고, 낙산이 중앙에 있으면 혈도 중앙에 있다.

낙산이 혈장에서 보이면 상격이고, 명당 가운데서 보이면 다음이다.

낙산의 모양은 병장(屛帳), 화개(華蓋), 옥침(玉枕), 복종(覆鐘) 등이 귀하며, 낙산이 지나치게 높으면 혈을 능압하여 흉이 되니, 이를 피하여야 한다.

5. 귀성(鬼星)증혈

일명 후장(後障)이라 하고, 횡룡 결혈시는 혈장 뒤에서 빈 공간을 떠 받쳐 주고 막아 주는 역할을 한다.

귀성이 높으면 혈도 높은 천혈이고, 귀성이 낮으면 혈도 낮은 지혈이고, 귀성이 좌측이면 혈도 좌측으로 정하고, 귀성이 우측이면 혈도 우측으로 정한다.

귀성이 지나치게 길면 혈장의 생기를 도적 당할 염려가 있어 불길하다.

6. 룡호(龍虎)증혈

혈을 향하여 만포하여야 하고, 다른 곳을 돌아보면 이는 진실됨이 아니다.

룡호의 경중은 소조봉에서 분지된 룡호는 주봉에서 분지된 룡호만 못하고, 주봉에서 분지된 룡호는 주봉 아래에서 분지된 룡호만 못하다. 주봉 아래에서 분지된 룡호는 혈처본신 좌우의 선익만 못한 것이다. 룡호는 5, 6으로 겹겹 감싸 안으면 1품이고, 3, 4겹으로 감싸 안으면 2품이다.

룡산이 생기 넘치고 유정하며 선도역수하면 혈은 룡산을 의지하고, 호산이 수려하고 유정하며 선도역수하면 혈은 호산을 의지한다.

룡호산이 높으면 혈은 천혈이고, 룡호산이 낮으면 혈은 지혈로 정한다. 룡산이 혈을 속이면 룡산을 피하여 호산에 의지하고, 호산이 혈을 능압하거든 호산을 피하여 룡산에 의지한다.

7. 전호(纏護)증혈

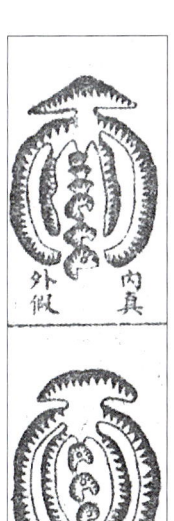

혈성이 귀인이면 시종사가 반드시 따르게 되어 있는 것이다.

시종사는 멀지도 않아야 하고 가깝지도 않아야 하며, 이중 삼중 호위하는 것이 길한 것이다.

시종사가 짧으면 혈은 그 안에 있고, 시종사가 길면 룡 끝나는 곳에 혈이 있다.

시종사가 한편으로 치우쳤으면 혈도 그 곳에 있다.

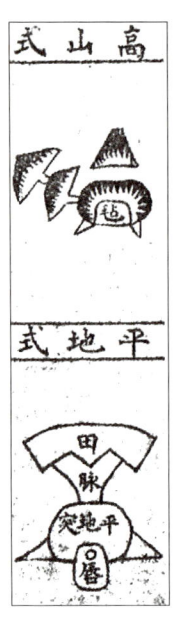

8. 전순(氈脣)증혈

진혈에는 여기(餘氣) 발로처가 있어서 혈장을 도와 주는 것이다.

전순이 없으면 혈이 아니다. 특히, 횡룡 결혈처는 전순이 있어야 한다.

9. 분합(分合)증혈

혈증 중에서 가장 모호한 것이 분합이다.

有分有合은 생기의 취결지로 진혈이다.

有分無合은 혈장 앞에 전순이 없음이며, 無分有合은 혈장 뒤에 승금, 선익이 없음이다.

삼분삼합은 물이 혈토 위에서 나뉘어 혈토 앞에서 합하는 것을 제 1 합이라 하고, 물이 입수등마루에서 나뉘어 중명당에서 합하는 것을 제 2 합이라 하며, 물이 래룡을 따라 룡호 밖에서 나뉘어 대명당에서 합하는 것을 제 3 합이라 한다.

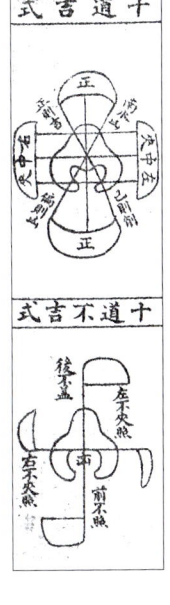

10. 천심십도(天心十道)증혈

혈장을 중심으로 전우좌후에서 십자(十字)로 응하여 주는 산이 사신방에 기이하게 솟아 있고, 대소원근이 상등하여 한편으로 기울지 않아야 한다.

六. 혈기론(穴忌論)

진혈에는 반드시 꺼리는 것이 있으니 이를 피하는 방법이다.

1. 조악(粗惡)

산세가 거칠고 웅대하여 추악하고, 혹 암석이 많고 산봉이 너무 커서 불미하고 광채가 전혀 없는 곳을 말한다.

2. 준급(峻急)

산세가 높고 급하며 험하여 발을 붙이고 산에 오르기가 어려우며 평평한 곳이 전혀 없는 경사지를 말한다.

3. 단한(單寒)

외로운 산 사면에 보호 산이 없어 혈장이 높이 노출되어 흉풍을 막아 주는 것이 없는 곳이다.

4. 옹종(癰腫)

사람 머리의 부스럼과 같이 산이 헐고 추하며, 기(氣)가 탁해 종기가 살이 통통하게 찐 모양으로 와겸혈(窩鉗穴)이 전혀 열리지 않은 곳이다.

5. 허모(虛耗)

혈장의 기가 허약하여 뱀과 쥐 등 생물이 혈장을 파고 들락거리는 푸석푸석한 땅으로, 생기가 전혀 없는 곳이다.

6. 요결(凹缺)

당혈처가 요함하여 부서지고 이그러져서 흉한 바람이 불어와서 생기가 모일 수 없는 곳으로, 장풍(藏風)이 필요하다.

7. 유삭(瘦削)

당혈처가 약하고 여위고 박하고 깎이어 병든 환자 같이 나약한 몰골로 생기가 전혀 없는 곳이다.

8. 돌로(突露)

당혈처가 솟고 드러나 호종산이 없어 바람을 받는 고독한 룡으로, 생기가 흩어지는 곳이다.

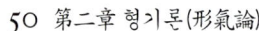

평지에서는 팔풍이 불어와도 두려워하지 않는다.

9. 파면(破面)

혈성의 머리나 얼굴 등이 움푹 패이고 부서지고 암석이 섞였거나 혈성이 불완전하여 생기가 누설되는 곳이다.

10. 흘두(疙頭)

사람의 머리에 종기가 생긴 것 같이 산봉우리에 암석이 있거나 초목이 나지 않고 잡초(거친 풀, 가시 풀)만 드문드문 있는 뼈만 있는 산으로, 기맥이 고갈된 곳이다.

11. 산만(散漫)

결은속기처가 없고, 당혈처가 늘어지고 넓게 퍼져 있어 생기가 모일 수 없는 곳이다.

12. 유냉(幽冷)

땅이 차고 깊은 곳으로 음한(蔭寒)하며, 사방 산이 높아 일광을 전혀 받지 못하는 곳이다. 시신이 전혀 부패하지 못하는 곳으로, 일명 양시혈(養屍穴)이라 한다.

13. 첨세(尖細)

당혈처가 날카롭고 미세하여 쥐의 꼬리와 같이 가늘어서 생기가 전혀 취결되지 못하는 위험한 흉지이다.

14. 완경(頑硬)

산세가 거칠고 급하며 경사지고 곧게 뻗어 활동이 전혀 없으며, 단단하고 억세어서 생기가 취결할 수 없는 곳이다.

15. 참암(巉岩)

당혈처의 암석이 나오고 절벽이 아득히 높아 무서운 형상으로, 거칠고 웅장한 곳이다.

七. 괴교혈(怪巧穴)

이 혈은 괴이하고 교묘하게 결혈되는 혈로서, 정상이 아닌 것 같이 보이지만 갖추어야 할 요건들이 잘 보이지 않도록 감추어져 있으므로 明師 道眼이 아니면 찾을 수 없는 혈이다.

초학자들은 이 괴교혈에 너무 집착하지 않는 것이 좋을 것이다. 의약자(醫藥者)의 오진은 한 사람에게만 화를 미치지만, 지리자(地理者)의 오점은 한 집안을 망하게 하기 때문이다.

1. 천교혈(天巧穴)

그 높이가 구름을 뚫고 올라가 마치 하늘에 있는 것 같고 주위의 여러 산을 제압하는 산정에 결혈하는 기이한 혈이다. 그러나 혈장에 오르면 평평하여 높다는 느낌이 전혀 없는 곳이다.

사방팔방 산이 상등하고, 안으로 룡호가 갖추어져 있어야 한다.

2. 기룡혈(騎龍穴)

기세 왕성한 룡맥이 산 등마루에 결혈하여 흡사 말을 타는 형상으로, 대귀지이다.

결혈 후에도 룡은 전진하여 룡 머리를 힘차게 들어 올리거나 좌선우선 회두하고, 정상적 결혈과 같이 사신사가 합법하여야 한다.

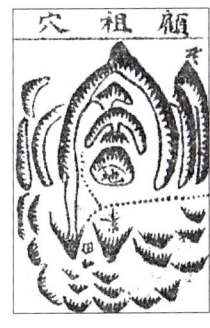

3. 회룡고조혈(回龍顧祖穴)

조산을 출발한 래룡이 변화 박환 수십 회 후, 룡신을 전환하여 룡호를 만들고 조산을 돌아다보고 결혈하는 것이다.

조산이 높아도 고압으로 보지 않고 조부로 보며, 가까워도 관계가 없다.

4. 석리혈(石裡穴)

진룡낙맥지 지상 지하에 대소 암석이 산포한 험악지의 결혈이다.

지중 반석 아래 홍황자윤한 진토가 결혈지이며, 지중 반석이 윤광한 연한 반석으로 돌도 아니고 흙도 아닌 곳이 대귀지이다.

천광 중 뿌리없는 건석은 제거하여야 하고, 뿌리 있는 돌은 룡을 상하고 파혈할 염려가 있으므로 제거 불가하다.

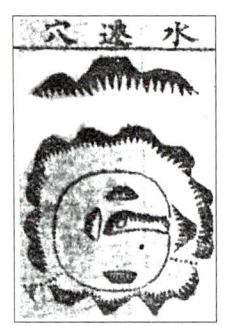

5. 수변혈(水邊穴)

지룡낙맥이 물을 베고 맺는 혈로, 산수 같이 흘러
수변의 산봉우리가 역회국(逆回局)하는 것으로 음택
보다 양택이 길하다.

6. 합기쌍룡혈(合氣雙龍穴)

두룡맥 이상이 합한 혈로, 력량이 크다. 혹 구룡이
합한 혈도 있으나, 많은 룡맥이 합할수록 더욱 좋다.

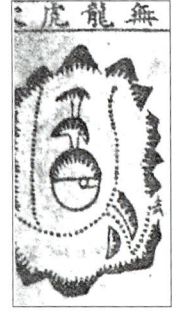

7. 무룡호혈(無龍虎穴)

룡맥이 기세왕성하고 결은속기의 혈상이 승금, 상수,
혈토, 인목 등 사상이 분명하며, 수구 관쇄하고, 계수취
합하면 룡호없이 결혈하는 것이다.

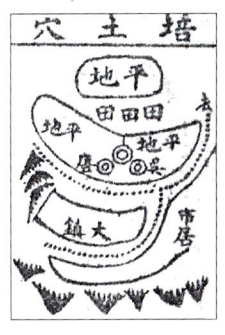

8. 배토혈(培土穴)

　지표면으로 룡맥이 얇게 유행하여 결혈하는 것이다. 이 때 깊이 파면 파혈되니 관이 묻힐 정도로 파고, 다른 흙으로 배토, 장사하는 것이다.

9. 수중혈(水中穴)

　사방 물이 가득한 중앙에 결혈하는 괴혈이다. 물 가운데 룡맥이 혹 보이기도 하고, 혹은 은맥으로 찾기가 어렵다.

10. 신부혈(神扶穴)

　넓은 들판 흙무더기 돌무더기 또는 평석이 덮인 추하고 협소한 곳에 숨겨 있는 혈로, 이는 대덕지인이 아니면 돌아갈 수 없는 신이 가지고 있는 혈이다.

　그 밖에 수없이 많은 혈이 있으나, 괴교혈은 살피기도 극히 어려우며 천광도 어려우니 남용하지 않는 것이 정상이다. 그러므로 천장지비(天藏地秘)라 하여 하늘이 감추고 땅이 비밀로 하는 것이다.

第三節 사격론(砂格論)

　사격은 혈장 전후 좌우에 있는 산을 말하며, 이를 대별하면 청룡(靑龍) 백호(白虎), 안산(案山), 좌보우필사, 낙산(樂山), 하수사(下手砂), 수구사(水口砂), 관귀금요(官鬼禽曜) 四吉星을 총칭한 것이다. 룡혈이 길격이면 사와 수는 자연 상응한다고 한다.

　사격이란 선사들이 산 모양을 모래로 만들어 가르쳤다고 하여 붙여진 이름이다.

　사격을 보는 방법은 첨원방정(尖圓方正)과 개면(開面), 유정(有情), 수려(秀麗)하면 길하고, 경도(傾倒), 조악(粗惡), 파쇄(破碎), 반배(反背), 무정(無情)하면 흉하다고 한다.

　이를 물형으로 비유하여 병장(屛帳), 문필(文筆), 옥인(玉印), 관모(官帽) 등을 길한 것으로, 투창(投槍), 파의(破衣), 시신(屍身) 등을 흉으로 보며, 길흉화복으로는 비원방정(肥圓方正)을 부(富)로, 청기수려자(淸奇秀麗者)는 귀(貴)로, 경도 파쇄자 등은 천(賤)으로 본다.

一. 청룡 백호(靑龍 白虎)

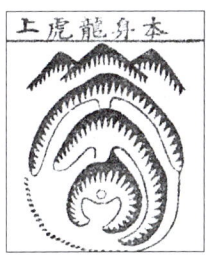

청룡은 혈장을 중심으로 좌측이다. 룡이므로 형상은 꿈틀거려야 하며, 혈장을 돌아 감싸안아야 길하며, 백호처럼 걸터앉으면 주산을 시기함이며, 패관실재(敗官失財)한다.

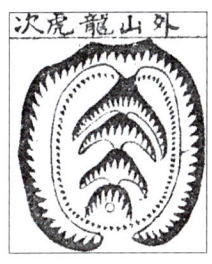

백호는 혈장을 중심으로 우측이다. 호랑이이므로 위엄 있게 걸터앉아 혈장을 영접하여야 하는데, 룡처럼 꿈틀거리며 감싸 안으면 무덤 속의 시신을 물어뜯으려는 것과 같아 흉한 것으로 보며, 재물허모(財物虛耗)가 있다.

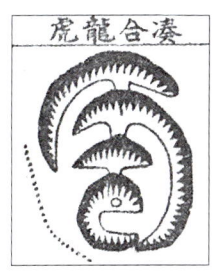

룡호는 혈장을 보호하여 풍수의 충사를 막아 생기가 흩어지지 않도록 하는 소임을 맡고 있다. 본신에서 두 팔을 벌려 룡호가 되기도 하고, 본신은 독행하는데 양산이 감싸서 룡호가 되기도 하고, 한 팔은 본신에서 한 팔은 다른 산이 감싸 룡호가 되기도 한다.

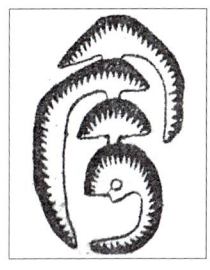

룡호는 양명수려에 유정 회포하고 좌우의 룡호가 서로 양보하며 높고 낮음이 균일하여야 길격이고, 추악하고 뾰족하며 파쇄 일직선으로 곧고 고압 요함 끊어

지고 바위나 돌 등이 많고 반배 무정하면 흉격이다.

　화복을 론한 때는 청룡 쪽을 적자자손 장방으로 보고, 백호 쪽을 여자 혹은 지손, 서손으로 나누기도 한다.

　청룡을 長방 四방, 백호를 三방 六방, 명당을 二방 五방으로 나누기도 한다.

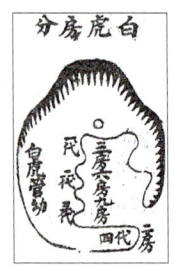

二. 조안사(朝案砂)

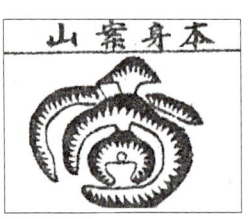

　조안사(朝案砂)는 혈장을 둘러싸고 있는 산의 총칭이며, 안산과 조산의 합성어이다.

　안산은 혈장에서 가깝게 있는 산이고, 조산은 안산 너머 멀리 보이는 산이다.

　안산은 단정 수미하여 불고불원(不高不遠)하고 저산유정(低山有情)하여 경사지거나 반역하지 말아야 하고, 거칠고 추하지 않으며, 바위나 돌 등이 없어야 하고, 흘러가는 물을 막아 걷어올려 주어야 길하다. 너무 가까우

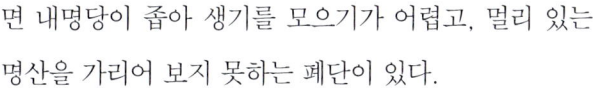

면 내명당이 좁아 생기를 모으기가 어렵고, 멀리 있는 명산을 가리어 보지 못하는 폐단이 있다.

너무 멀면 원진수의 역수가 어렵고, 명당의 생기를 취합할 수 없는 폐단이 있다.

본신룡호가 회포하여 정면으로 상대한 안산도 있고, 독산이 홀로 정대한 안산도 있다.

평양지에서는 산이 없으므로 대신 물을 안산으로 보아야 하며, 혈장 앞의 한치 높이도 안산으로 본다.

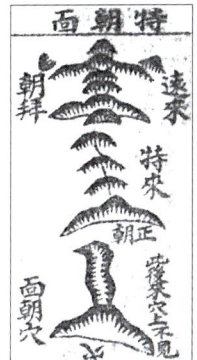

주산과 안산은 주인과 손님으로 보기도 하고, 왕과 신하, 아버지와 아들 또한 부부로 보기도 하며, 모든 산이 조공을 받치는 것과 같은 것이 참다운 조안사가 된다.

조안사에는 먼 곳으로부터 兩水와 같이 와서 혈장 앞에 엎드린 특조산이 있고, 안산이 장막을 옆으로 활짝 벌려 유정하게 엎드려 절하는 횡조산이 있다. 또한 산머리는 수려하고 아름다우나 대세가 기울어져서 무정하게 보이고 배복할 의사가 전혀 없는 위조산이 있다.

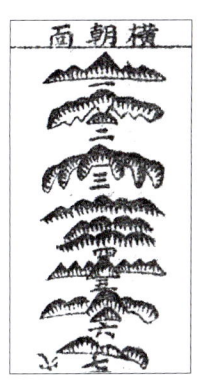

길흉화복은 조산은 안산보다 약하다. 이는 멀리 있는 친척이 가까운 이웃사촌보다 못하다는 뜻과 같다. 또한 화복으로 안산 七, 八峰은 七, 八代 복록지지이고, 二, 三峰은 소지이다. 한 봉이 우뚝 선 것은 외로운 봉우리이고, 雙峰이 수려한 것은 형제 등과지이다. 五峰이 나

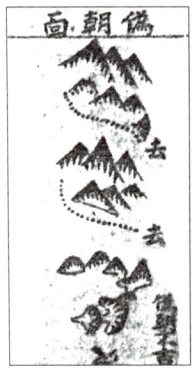

란히 서서 있으면 다섯 아들 등과지이다. 三峰을 상대할 때는 가운데 봉우리를 안산으로 하고, 雙峰을 상대할 때는 가운데 빈 곳을 안산으로 한다.

형상으로는 면궁(眼弓), 아미(蛾眉), 횡대(橫帶), 화개삼대(華蓋三臺), 천마(天馬), 금상(金箱), 옥인(玉印) 등이 혈장을 보고 유정하면 길함으로 취하고, 순수(順水), 비주(飛走), 파쇄(破碎), 조악(粗惡), 반배(反背), 무정(無情) 등은 흉함으로 불취한다.

三. 좌보우필사(左輔右弼砂)

좌보우필사(左輔右弼砂)는 룡혈 좌우에 특별히 솟은 양봉이 대치하여 룡혈을 가깝게 보호하는 산이다. 양봉은 양명수려하고 고저대소와 원근거리가 상등하여야 한다.

룡혈 뒤쪽 좌우에 우뚝 솟은 귀봉을 좌천을(左天乙), 우태을(右太乙)이라 하고, 과협 좌우에 대치한 귀봉을 좌천각(左天角), 우천호(右天弧)라 한다.

혈장 앞의 좌우에 대치한 귀봉을 좌금오(左金吾), 우집법(右執法)이라 하고, 명당 좌우에 대치한 귀봉을 좌천관(左天關), 우지축(右地軸)이라 하며, 수구 좌우에 대치한 귀봉을 좌화표(左華表), 우한문(右捍門)이라 부른다.

四. 락산(樂山)

락산(樂山)은 횡룡 결혈시 혈장 뒤의 허하고 요함한 곳을 막아 보호하기 위해 있는 보호산이다.

직룡혈장에는 불필요하고, 횡룡혈장에는 반드시 필요하다. 락산은 혈장에서 보이면 상격이고, 명당 가운데서 보이면 다음이다.

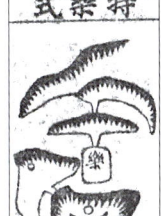

1. 특락(特樂)

락산이 먼 곳으로부터 와서 혈장을 보호하므로 귀하며, 특히 락산과 현무 사이에 물이 흘러 감싸면 귀하게 보며, 이를 수전현무(水纏玄武)라 한다.

주로 부귀가 일어나고, 자손이 대왕한다.

2. 차락(借樂)

락산이 옆으로 장막을 넓게 펼치고 혈장을 보호하므로 귀하다.

주로 부귀는 특락에 준하나, 약간 미달한다.

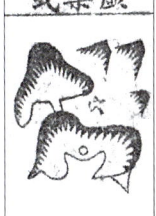

3. 허락(虛樂)

특락도 아니고 차락도 아닌 것으로 락산이 저함하고 또 락산이 여럿으로 산란하여 락산의 역할을 할 수 없는 산이며, 이를 취할 수 없다.

五. 하수사(下手砂)

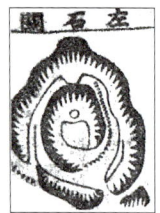

하수사(下手砂)는 혈장 양쪽 팔에 해당하는 룡으로, 일명 하벽사(下臂砂), 역관사(逆關砂)라 한다.

去水하는 내당수의 일변을 역관수수하는 중요한 소임이며, 결혈에 지대한 관계가 있다.

좌선 혈장에서는 좌측 하수사가 우선 내당수를 역관수수하고, 우선 혈장에서는 우측 하수사가 좌선 내당수를 역관수수하므로, 이를 음양교배의 길격이라 한다.

내당수 못지 않게 외당수의 역관수수도 중요하다.

六. 수구사(水口砂)

수구사(水口砂)는 한문(捍門), 화표(華表), 북신(北辰) 등을 총괄하여 말한다. 수구에는 기이한 한문(捍門), 화표(華表), 북신(北辰) 등이 이중, 삼중으로 교아관쇄(交牙關鎖)하여 명당수의 급류직거를 막아 유속(流速)이 완만하도록 하여 명당에 모여 있는 생기의 누설을 가능한 막아 주는 귀중한 길격사이다.

1. 한문(捍門)

수구 양변에 기봉괴석(奇峰怪石)이 서서 양봉 사이로 배가 통과할

수 없도록 좁아야 길격이며, 그 형상이 해와 달, 사자, 깃발, 북 등으로 보이면 더욱 좋다. 또한 일변이 룡머리, 뱀 같으면 공후지지(公侯之地)이고, 일변은 거북과 같고 일변이 뱀과같으면 대귀지지이다.

아름답게 감싸안으면 한림지지(翰林之地)이고, 해와 달 같은 북신이 있으면 왕후지지(王侯之地)라 하며, 마(馬), 기(旗), 고(鼓)가 정면으로 보이면 장상(將相)이 나고, 궤(櫃), 창고(倉庫) 등은 부(富)로 옥인 라열이면 귀가 나온다.

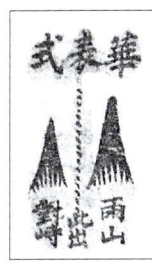

2. 화표(華表)

한문 중간 수중에 기이하게 우뚝하게 서 있는 一柱一石이다.

화표가 수구를 관쇄하면 永世富貴하는 길격이다.

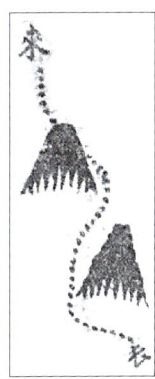

3. 북신(北辰)

라성 화표보다 더욱 웅대한 기암괴석으로 수구에 있다. 사자, 호랑이, 봉황, 해와 달, 거북이, 학, 돈궤, 금은 보석 상자 같은 형상은 길격이다. 또한 청기하고 룡혈이 길격이면 만세 영화한다. 만일 높이가 10척 이상이고 보기에 험상하고 두려움을 느끼게 되면 흉격이며, 혈장에서 보이면 흉사이니 불취하여야 한다.

위와 같이 수구의 중요성을 論한 것은, 풍수지리에 있어서 물은 사람이 살아가는 데 재산에 해당되므로 재산이 빠져나가는 것을 최대한 방지하기 위해 한문은 좁을수록 좋고, 화표 북신 등은 수중에 많이 있어서 재물이 빠져나가는 것을 최대한 느리게 하는 것이 길한 방법이기 때문이다.

七. 관귀금요(官鬼禽曜) 사길성(四吉星)

1. 관성

룡호가 혈장을 횡포하고 횡포한 팔꿈치 뒤에 돌기(突起)한 산을 말하며, 대귀사이다. 만일 보이면 현세관(現世官)이라 하여 당대에 발귀한다.

2. 귀성

혈후의 후장자로 혈장을 보호하며, 횡룡결혈에는 반드시 필요하다. 지나치게 높거나 지나치게 크면 흉격이며, 혈장에 비해 적당하여야 길격이다.

3. 금성

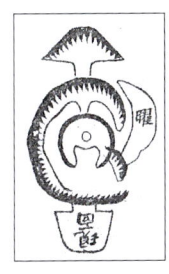

수구의 암석이다. 유근석으로 각종 물형이 되어 있으면 길격이고, 무근석이면 길격이 아니다.

4. 요성

룡신(龍身), 지각(枝脚), 룡호(龍虎), 혈장 좌우 명당 수구들에 출현하는 첨리사(尖利砂) 룡체혈성에 붙어 있는 사(砂)나 돌이다.

요성과 살성의 분별이 어렵다. 혈전에서 양 첨리사가 상사(相射)하면 살성이고, 서로 양보하면 요성이다. 혈장을 첨리사가 직사하면 살성이지만, 이를 옆으로 피하면 요성이다.

룡혈이 진실하면 귀인이 보검을 휴대하는 것과 같아 요성이 되고, 룡혈이 진실되지 않으면 악인이 흉검을 휴대하는 것과 같아 살성이 된다.

八. 오성론(五星論)

풍수지리에서 성신(星辰)이란 산봉우리의 생긴 모양을 말하며, 오성으로 나누면 금형산, 수형산, 목형산, 화형산, 토형산이다. 구성으로는 탐랑, 거문, 록존, 문곡, 염정, 무곡, 파군, 좌보우필이라 한다.

성정으로는 금성을 청(淸), 토성을 탁(濁), 화성을 조(燥), 수성을 유(柔), 목성을 수(秀)라 하여 길로 본다.

선사 장자미(張子微)는 목을 문(文)성으로, 금을 무(武)성으로, 토를 재(財)성으로, 화를 록(祿)성으로, 수를 수(壽)성으로 보았고, 수성은 평지에, 화성은 높은 산에, 목성은 마디마디에, 금성은 연주(連珠), 관주(串珠)를 貴로 보아 길한 것으로 하였다.

예 길흉론으로,

- 목성 조산의 화성혈장이면 木生火하여 富하고 禮를 좋아한다.
- 금성 주산의 목성혈장이면 金剋木하여 후에 반드시 재앙이 있다.
- 목성산이 동방이면 북방 수성산에서 생을 얻어 길하고, 서방 금성산에서는 극을 받아 흉하다.
- 화성산이 남방이면 북방 수성산의 극을 받아 흉하고, 동방 목성산에서 생을 얻어 길할 것이다.

1. 오성취강격(五星聚講格)

금수목화토 오성산이 한 자리에 모여 있는 것으로, 현인들이 모여 앉아서 도덕 강론을 하는 모양이다. 태조산, 소조산이 되고, 복력이 지극히 귀하며, 오성의 상생상극을 論하지 않는다.

2. 오성연주격(五星連珠格)

금수목화토 오성산이 서로 관연(串連)한 연주상연(連珠相連)이다. 상생상극에 따라 길흉론이 다르다.

3. 오성체의 길흉사형

 복부형
(覆釜)

부귀영화가 나타난다.

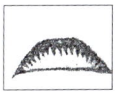 반월형
(半月)

부귀영화가 끊이지 않는다.

 복종형
(覆鍾)

집안에 부자가 영원무궁하다.

 아미형
(蛾眉)

판관 교육직으로 발복한다.

 문필봉
(文筆)

자손의 관직이 증가한다.

 둔병형
(屯兵)

조안사이면 도독, 군사령관이다.

 석모
(席帽)

금성으로 개구(開口)이면 부귀
쌍전이다.

 천마
(天馬)

남방에 마형이면 대귀로서 다른
것에 비교되지 않는다.

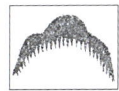 화개삼대
(華蓋三代)

옥엽 같은 자손이 관직으로 왕을
보좌한다.

 금성연곡
(金星連谷)

금성산이 골로 이어져 있으면 식록이
하늘에서 내린다.

 열장
(列將)

조안사가 군사 점검하는 모양이
면 장상이 연출한다.

 궤병형
(几屏刑)

토성이 책상, 병풍 같으면 부호가
누구에게도 비교되지 않는다.

 집홀산
(執笏山)

당면에 있으면 조정에 거하여 전
관료를 총괄한다.

 유관무위
(有官無位)

산머리에서 돌무더기가 굴러 떨어지고
공을 던지듯이 보이면 이는 유관무위이다.

 로행장
(路行長)

산머리에 기다란 큰 길이 있으면
주로 남녀 공히 재앙을 당한다.

 문 필
(文 筆)

수구에 있으면 지현 지사가 출생한다.

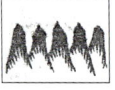 오칠목성
(五七木星)

면전에 있으면 지휘관으로 병권을
장악한다.

 중중가관
(重重加官)

귀성이 첩첩 상봉이면 관직이 중첩
된다.

 일봉단정
(一峰端正)

전산에 일봉이 단정히 거하면 발음이
많아서 만민이 평안하다.

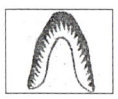 이향지산
(離鄕之山)

산머리 묘택 앞에서 좌우로 향하여 흔들
며 달아나면 고향을 떠나는 흉산이다.

 삼첨필
(三尖筆)

삼문필봉이 조안사로 기울지 않고 정면
안이 되면 장원급제하고, 지사에 오른다.

 용사취첨장
(龍砂嘴尖長)

청룡의 사격 끝이 새의 부리와 같이 뾰족하
고 길면 장자 쪽에 환란이 있다.

 호사취첨장
(虎砂嘴尖長)

백호의 사격 끝이 새의 부리와 같이 있으면
작은집 자손이 고향을 떠난다.

第四節 수세론(水勢論)

룡혈사수는 지리학의 四과목이다.

수(水)는 룡의 혈맥이다. 고로 수회(水會)하면 룡이 끝나고, 수교(水交)하면 룡은 멈추고, 수(水)가 비주(飛走)하면 생기는 흩어지고, 수(水)가 융주(融注)하면 생기가 응결된다. 이는 산수의 자연 이치이다.

옛 선사들은 사람의 길흉화복에 대하여 물은 재물을 관장한다고 보아 주로 재물의 유무다소를, 수세의 다소(多少), 심천(深淺), 곡직(曲直), 원급(緩急), 청탁(淸濁) 등 외형으로 보는 형기론과, 득수 수구를 기준으로 해서 보는 사국수법과 구성법 등 이기론으로 병행하여 사용하였다.

一. 수세의 길흉

금낭경 사세편에서,

이수(以水) 주작자(朱雀者)는 기(忌) 부단격(夫湍激)이니 위지비위(謂之悲泣)이라 하여, 평양론에서 안산을 삼을 만한 사격이 없을 때에는 물로서 안(案)을 대신하라고 하였다. 그러나 꺼리는 것이 있으니 그것은 여울 물소리인데, 그 소리가 마치 사람이 죽어서 우는 소리로 들리기 때문이다. 그러므로 물소리에도 길흉이 있으니, 명당이 기울어져서 물소리를 내고 흘러가면 이를 빈한고과지상(貧寒孤寡之象)이라 하여 재앙이 작게 오면 고아나 과부가 나고, 재앙이 크게 오면 일가족이 사망한다고 하였다.

평평한 곳에 많은 물이 흐르는데 마치 그 소리가 귀인이 뚜벅뚜벅 걷는 소리로 들리면, 이러한 곳에는 공경지상(公卿之象)이라 하여 관직이 많이 나는 것이다.

물의 성질은 항상 깊이 모이려 함이며, 깊은 물은 양양유유(洋洋悠悠)하여 나를 보고 흘러가지 않으려는 것이 길격이고, 여울물과 같이 급히 흘러가고 얕으면 흉격이다.

물은 많은 것이 길격이므로 물의 발원지가 멀고 길면 생기가 왕성하고, 발원지가 가깝고 짧으면 생기가 적다고 하였다.

물의 흐르는 형상은 산이 오고 물이 유정하게 돌아들면 귀하고 장수하며 재물이 풍족한 길격이고, 산이 무기하고 무정하게 흘러가면 왕은 사로잡히고 제후는 멸망하는 흉격이라 하였다.

이를 후학자들은 다음과 같이 요약하여 길흉을 論하였다.

得水는 발원지가 멀고 길며 광활하여야 길하고, 가깝고 짧으면 흉하다.

파구는 가깝게 사격이 있어 폐장되고 관쇄하면 길하고, 멀고 관쇄하지 못하면 흉하다.

류형(流刑)은 之字玄字 모양으로 구불구불 흘러야 길하고, 一字로 직류하면 흉이다.

류속(流速)은 완만하여야 길하고, 여울물같이 급하게 흐르면 흉하다.

청탁(淸濁)은 물은 깨끗하고 맑아야 길하고, 흐리고 탁하며 냄새가 나면 흉이다.

성정(性情)은 물은 둥글게 감싸고 흘러서 유정하면 길하며, 물은 나눌 곳에서 나누고 합칠 곳에서 합치고, 논에 고여 있는 물은 창판수(倉板水)라 하여 길하다.

물이 뾰족하게 혈장을 직충 횡사하거나 혈장을 등지고 나가는 물은 좋지 않고, 물이 경사지에서 급히 흐르거나 물이 모이지 않고 각각 쪼개져서 흐르면 이는 모두 흉격이다.

二. 수(水)의 종류(種類)

1. 해조수 (海潮水)

해변에서 혈장 앞에 바닷물로 조안하였으며, 룡혈이 상등하면 결혈하며 대지가 많다.

2. 강수 (江水)

千 골짝 百 군데 개울물이 모여들어서 넓게 굴곡하며 생동하는 왕수로, 길격이다.

3. 호수 (湖水)

여러 골짝 개울물이 모이고 샘물들이 솟아올라 모이는 호수물을 말한다. 룡혈이 길격이고, 만경창파의 물 맑기가 거울 같으면 최고로 좋은 물로 길격이다.

4. 계간수 (溪間水)

산골짝의 물이며, 룡혈이 가깝게 접한 곳으로 구불구불하고 둥글게 감싸안고 깊고 완만하게 흐르면 길하고, 직접 혈장을 충하거나 높고 급하게 흐르며 소리가 들리면 흉하다.

5. 구혁수 (溝洫水)

평양지의 도랑물을 말하며, 구불구불하게 완만하게 흘러서 혈장을 감싸고 유정하면 길하다.

6. 지당수 (池塘水)

저수지나 연못에 고여 있는 깨끗한 물로서 사계절 마르지 않아야 길하다. 설묘 전의 자연 발생수는 길하고, 설묘 후 연못을 파면 생기가 누설되므로 흉하다. 설묘 전 자연 발생한 저수지나 연못을 설묘 후 매몰하면 재앙을 부르지만, 더러운 악취가 나는 물이 흘러들어 오면 매몰하여도 좋다.

7. 평전수 (平田水)

혈장 앞의 논에 고여 있는 물이며, 완만하고 유정하게 명당으로 모이면 길하다.

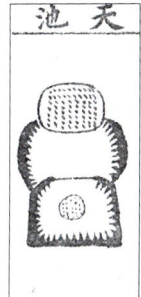

8. 천지수 (天地水)

높은 산 정상의 자연 발생한 신비스러운 샘물로, 천교혈 앞에 솟아오르는 샘물로 사계절 마르지 않고 일정 수위를 유지하면 극히 귀한 물이다.

9. 저여수 (沮汝水)

혈장 주변에 질펀하게 번져 있는 물이다. 눈에는 보이지 않으면서 밟으면 질퍽질퍽하고, 구덩이를 파면 물이 고이는 저습한 곳으로 흉수이다.

10. 취예수 (臭穢水)

각종 오물이 썩어 냄새가 진동하는 더러운 물이며, 혈장 주변 웅덩이에 고이거나 개천에서 명당으로 흘러 들어오는 흉한 물이다.

11. 니장수 (泥壁水)

비가 오면 물이 고여 밟으면 발이 푹푹 빠지는 곤죽 같은 진흙땅이며,
날이 들면 먼지가 휘날리는 메마른 땅의 흉수이다.

12. 융저수 (融瀦水)

룡호간의 연못에 물이 가득하게 고이고 깊이 모여서 흘러가지 않으면
길수이다. 이 물은 조안산의 대살(바윗돌), 亂雜한 흉살도 능히 제압할 수
있는 물이다.

13. 진응수 (眞應水)

일명 골육수(骨肉水)라 하며, 진결지 아래의 자연 발생하는 샘물로, 맑
고 맛이 감미롭고 사계절 마르지 않는 것이 길격이다.

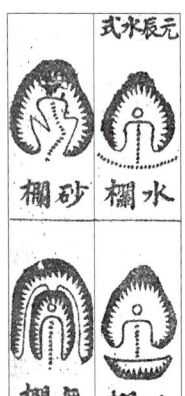

14. 원진수 (元辰水)

혈전 당심에서 일직선으로 흘러나가는 물로 흉격이
다. 그러나 전면에서 큰물이 옆으로 흐르거나 연못이나
호수가 있든지 안산이 옆으로 장막을 쳐서 일직선 물을
옆으로 흐르게 하면 先凶後吉한다.

15. 주맥수 (注脈水)

혈전의 호수(湖水) 물이다. 사계절 마르지 않는다. 이는 결혈을 증명하며, 극히 귀한 물이다.

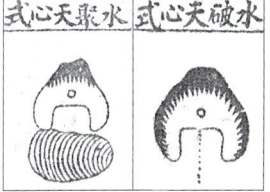

16. 천심수 (天心水)

혈전 명당에 모이는 물을 말한다. 혈전에서 곧게 물이 흐르면 수파 천심이라 하여 이는 절손지이다.

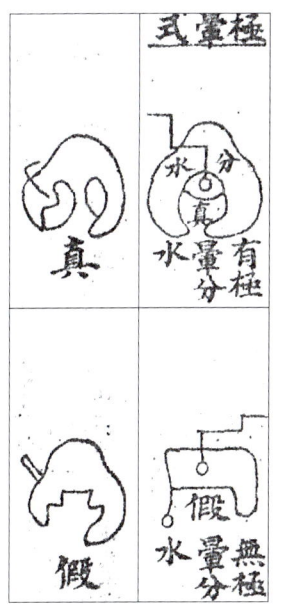

17. 극훈수 (極暈水)

진혈에는 반드시 태극훈이 있다. 은은비비 방방불불이고, 언뜻 보면 형이 있고, 자세히 보면 형이 없다. 멀리서 보면 있는 것 같고, 가깝게 보면 보이지 않는다. 옆에서 보면 불룩하게 일어났으나, 앞에서 보면 모호하다. 이를 태극훈이라 한다. 만일 태극훈을 파하면 관에 물과 개미가 든다.

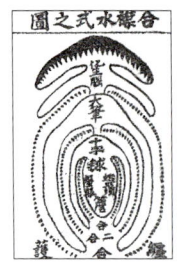

18. 합금수 (合襟水)

혈전의 맥을 경계하여 상분하합(上分下合)하는 물이다. 그 융결이 三分 三合이 있으니, 혈전 후에서 一分合이요, 룡호교합처에서 二分合이요, 주산수가 크게 합하는 것을 三分合이라 한다. 또 대명당, 소명당, 외명당으로 구분하기도 한다. 천취(天聚), 인취(人聚), 지취(地聚)라 부르기도 한다.

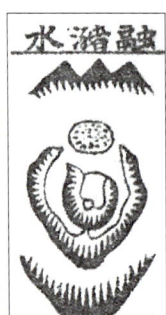

19. 융저수 (融瀦水)

물이 깊게 모여 흘러가지 않는 물이다. 그 물이 흘러들어 오고 나가는 곳을 알지 못한다. 이는 물이 모여 쌓이는 못(池)이다.

三. 수 길흉형세(水吉凶形勢)

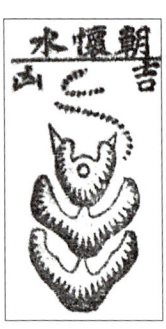

1. 조회수 (朝懷水)

혈장 앞으로 흘러오는 물이 구불구불하며, 품 안으로 들어오는 형상의 물로, 길하다. 역수 1척은 부자를 감당하고, 조수(朝水) 한 홉은 능히 가난을 구한다.

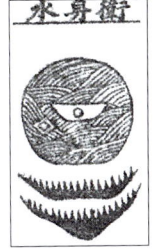

2. 위신수 (衛身水)

龍形이 기이하여 강이나 호수에 돌기한 산야로 결혈되는 水中穴로 사반이 물이 가득하여 호위하는 좋은 물이다. 蓮花浮水形으로 부는 주군의 으뜸이고, 귀는 경상에 이른다.

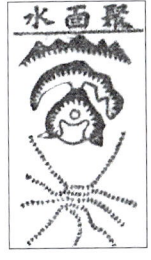

3. 취면수 (聚面水)

혈장당면으로 여러 물이 모여 합치는 물로, 길한 것이다. 수취천심(水聚天心)으로 그 부귀를 알지 못한다.

4. 탕흉수 (蕩胸水)

혈장 앞의 주머니 같은 명당으로 물이 모여드는 것을 말하며, 깊게 모여 쌓이고 완만하며 흘러가지 않으려 하는 극히 귀한 물이다.

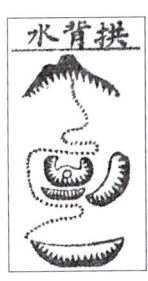

5. 공배수 (拱背水)

일명 수전현무수라 하여 길한 물로 본다. 혈장 뒤의 현무를 감싸안고 흘러 명당수와 서로 팔짱을 낀 것 같은 물이다.

6. 요대수 (腰帶水)

일명 금성수라 하고, 혈장을 둘러 감싸고 흐르는 물이 허리띠를 두른 것 같은 물로 길하다.

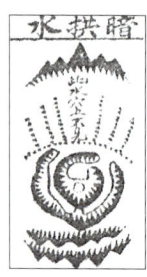

7. 암공수 (暗拱水)

현장에서 보이지 않는 안산 너머에서 혈장 쪽을 향하여 감싸고 흘러오는 물로, 길하다.

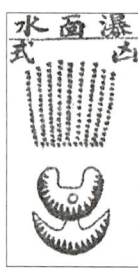

8. 폭면수 (瀑面水)

혈성은 작고, 수세는 웅장하여 혈장을 핍박하는 흉수이다. 그러나 룡혈이 길하고 뒤로 낙산이 혈장을 보호하면 꺼리지 않는다.

9. 사협수 (射脇水)

물이 양 허리 부위를 뚫고 쏘아오는 물로, 흉하다.

10. 교검수 (交劍水)

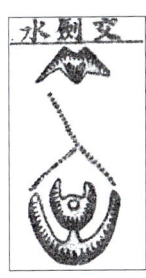

혈장 좌우에서 일직선으로 급히 온 물이 엑스(X)字로 합치고 다시 나뉘어 흐르는 물로, 흉하다.

11. 누조수 (漏槽水)

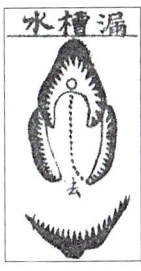

묘 아래의 깊은 골짜기나 혈장 앞이 파열되어 생기가 누설되는 물로, 흉하다.

12. 할각수 (割脚水)

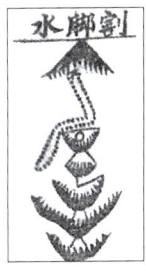

혈장 앞에 전순이 없어 혈장 앞의 물이 합쳐지지 못하고 제각각 흩어져 나가는 물로, 흉하다.

13. 임두수 (淋頭水)

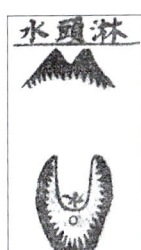

무맥지에 입수도두가 전혀 이루어지지 않아 평평한 곳으로, 묘 앞이나 내광으로 스며드는 물로 극히 흉하다.

14. 반도수 (反跳水)

명당으로 들어오던 물이 혈장 앞에서 반대로 돌아나가는 반역하는 물로, 흉하다.

15. 분류수 (分流水)

혈장 당면에서 八字로 나뉘어 흘러나가는 물로, 흉하다.

16. 구곡수 (九曲水)

혈장 앞 명당으로 물이 굴곡으로, 지현(之玄)으로 래거하는 물이다. 구곡수가 명당으로 들어오면 당대 재상이 나며, 일세구천(一歲九遷)은 이 물을 말한다.

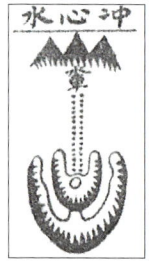

17. 충심수 (沖心水)

앞산에서 급경사로 흘러 혈을 충하는 물로, 이 물은 그 자손이 빈한(貧寒)하다.

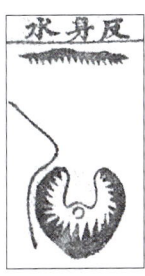

18. 반신수 (反身水)

물이 혈 앞에 도달하기 전에 반대로 흘러가는 물로, 흉하다.

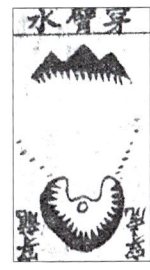

19. 천비수 (穿臂水)

혈의 좌우 룡호에 팔뚝을 뚫고 들어오는 물로, 이를 일명 귀겁수(鬼刼水)라 한다.

20. 요대수 (腰帶水)

혈 앞을 허리에 혁대를 두른 듯 흘러가는 물로, 이를 금성수(金城水)라 한다.

이 물은 대발복하는 물로, 옥대는 관직으로 반드시 좋은 일이 있다.

21. 창판수 (倉板水)

밭과 논 위쪽에서 나는 물로, 이 물이 혈장 앞으로 모여드는 물이다. 이 물은 혈을 보고 충하지도 않고 혈을 등지고 나가지도 않으며, 항상 논밭에 고여 있는 물로, 바닷물보다 더 귀하다.

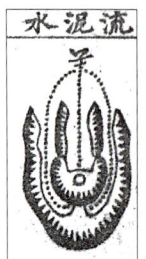

22. 류니수 (流泥水)

혈전의 물이 앞 경사로 인해 흘러가는 물이며, 일수거(一水去), 이수거(二水去), 중수일제거, 머리를 돌려보지 않고 흘러가는 물로, 주로 고향을 떠나는 물로 본다.

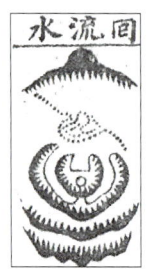

23. 회류수 (回流水)

혈전의 물이 양양유유 빙빙 돌아 흐르는 물로, 나를 돌아보고 흘러가지 않고 머물고자 하는 물로, 길한 물이다.

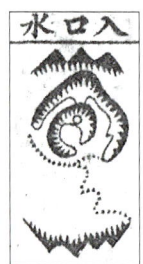

24. 입구수 (入口水)

앞산의 관쇄로 명당으로 들어오는 물을 걷어들이는 물로, 길한 것이다.

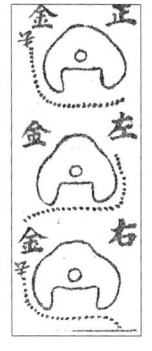

四. 수(水)의 오형(五形)

1. 금형수

둥글게 둘러싸고 허리띠를 두른 형상으로 흐르는 물로 길하며, 금성수라고 한다. 허리띠를 두른 형으로 부자가 나고 자손이 화목, 영원히 강영한다.

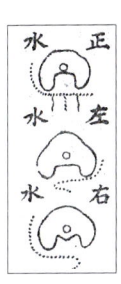

2. 수형수

굴곡하여 구불구불하게 흘러 길하며, 귀가 조당에 들어 관이 극품에 이르고, 세세대대로 이름을 날린다.

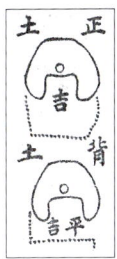

3. 토형수

방정(方正)으로 병풍을 펴놓은 모양으로 흐르는 물로 길하다.

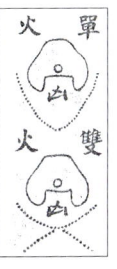

4. 화형수

뾰족하고 날카롭게 일직선으로 흐르는 물(尖銳直流)로 흉하며, 혹 교검(交劍) 또는 급류 등으로 여울물 소리가 나면 이는 극흉이다.

5. 목형수

곧게 흐르는 물로 흉하다. 혹 혈을 충사하여 무정하기도 하며, 주로 자손들에게 이향(離鄕), 소사(少死), 빈궁(貧窮), 곤고(困苦) 등이 미친다.

五. 오성수성제흉식(五星水星諸凶式)

1. 반궁수 (反弓水)

좌반궁(左反弓), 우반궁(右反弓) 이를 반궁삼격이라 한다. 주로 모든 일이 반역으로 이루어지지 않고 가난하다.

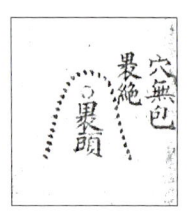

2. 과두수 (裹頭水)

혈을 싸지 못하므로 주로 절손지지이다.

3. 거수 (去水)

물이 혈의 반대로 달아나므로 처음에는 평안하나 후에 가서는 가난하고 음탕하다.

4. 당혈수 (撞穴水)

물이 혈을 치고 들어오므로 가운데 자손이 당한다.

5. 교검수 (交劍水)

방방 전 자손이 절손한다.

6. 삽검수 (揷劍水)

작은집 자손이 망한다.

7. 타창수 (拖鎗水)

장절(長絶) 주로 큰집 자손이 당한다.

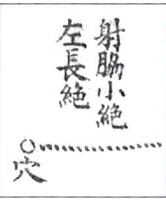

8. 사협수 (射脇水)

우측 사협수는 작은집 자손이 당하고, 좌측 사협수는
큰집 자손이 당한다.

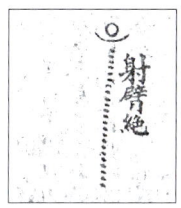

9. 사비수 (射臂水)

절손지지이다.

10. 거수 (去水)

혈을 끌어당기면서 흘러가는 물로, 주로 가난하다.

11. 현직수 (弦直水)

주로 가난하다.

12. 사비수 (斜飛水)

주로 방탕하고 음탕하다.

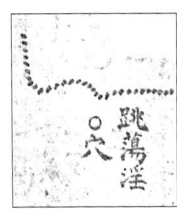

13. 도탕수 (跳湯水)

주로 방탕하고 음탕하다.

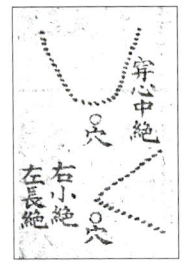

14. 천심수 (穿心水)

주로 가운데 자손이 당한다. 우측 천심류는 작은집 자손이 당하고, 좌측 천심류는 큰집 자손이 당한다.

15. 배성수 (背城水)

혈을 등지고 흘러가는 물은 주로 거스르는 자손이 나며, 빈한하다.

좌측 배성수는 큰집이 가난하고, 우측 배성수는 작은집이 가난하다.

16. 천비수 (穿臂水)

주로 작은집이 절손이다.

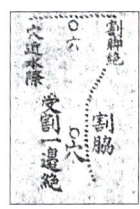

17. 탕흉수 (湯胸水)

주로 절손이다.

18. 할각수 (割脚水)

주로 절손이다.

六. 명당론(明堂論)

　　명당은 중산중수가 혈장 앞으로 모여들어서 생기를 융취시키는 곳이다. 사람에게 재물이 필요하듯이 생기에는 반드시 물이 필요하다.

　　명당은 천자가 앉아 있던 곳으로, 밝은 것을 향하여 정치를 하는 곳이며, 백관이 모여서 조회를 하는 곳이다. 내명당은 둥근 원형이 좋고, 외명당은 넓은 것이 좋다.
　　명당은 사방이 넓고 만 마리의 말을 수용할 수 있는 곳이어야 한다.

1. 교쇄(交鎖)명당
　　좌우 양변사가 교쇄하여 생기가 새나가지 못하도록 자물쇠로 잠근 모양으로, 명당은 길하다.

　　본신의 룡호가 교쇄한 명당도 있고, 다른 산이 교쇄한 명당도 있다.

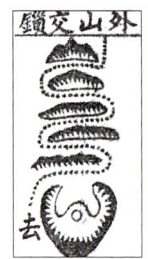

2. 주밀(周密)명당

　사방에 산이 빈 곳 없이 팔짱을 낀 듯이 둘러 있어 어느 곳에도 바람이 불어오지 않아 생기가 흩어지지 않는 명당으로 길하다.

3. 조진(朝進)명당

　혈장 앞으로 들어오는 물이 마치 아침 조회에 참석하기 위하여 백관이 모여들듯이 물이 명당으로 흘러드는 명당으로 길하다.

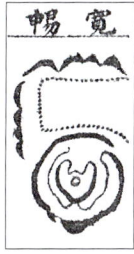

4. 관창(寬暢)명당

　좁지도 않고 주위 산이 가까워 압박하지도, 막히지도 않아 광활하며, 낮은 사격들이 교결되어 생기 가득한 명당으로 길하다.

5. 대회(大會)명당

　중산중수가 둥글게 모여드는 것이 백관이 조정에서 개최하는 대회의장에 참석하고 있는 모양의 명당으로 길하다.

6. 광취(廣聚)명당

중산중수가 둘러 감싸안아 모이고 생기가 당내에 충만하여 산은 밝고 물은 맑은 명당으로 길하다.

7. 요포 (繞抱)명당

물이 둥글게 구불구불하게 모여서 혈장을 둘러 싸안으며 완만하게 흐르는 명당으로 길하다.

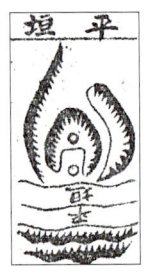

8. 평탄(平坦)명당

명당이 평평하여 높고 낮은 곳이 별로 없는 명당으로 길하다.

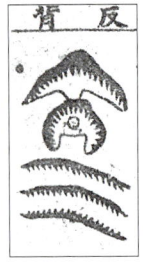

9. 반배(反背)명당

명당으로 들어온 물이 혈장을 등지고 달아나는 모양의 명당으로 흉하며, 자손은 고향을 떠나고 패(敗)가 많다.

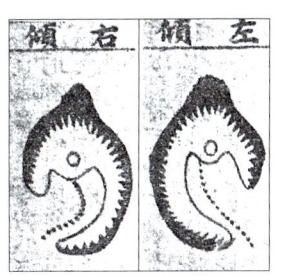

10. 경도(傾倒)명당

명당이 기울어져서 물이 한쪽으로 흘러 달아
나고 기울어진 명당으로 흉하다.

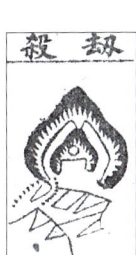

11. 겁살(劫殺)명당

명당 내에 흉사가 있거나, 흉수나 흉암들이 혈장을 직
사 또는 횡사하고, 수구가 전혀 관쇄되지 않은 명당으로
흉하다.

12. 핍착(逼窄)명당

안산 주위의 산이 혈장을 핍박하거나 명당이 지나치게
좁은 명당으로 흉하다.

13. 편측(偏側)명당

한 변은 높고 한 변은 낮아서 기울어진 명당
으로 흉하다.
처자 불화하고 세월이 지날수록 화가 발생
한다.

14. 사사(徙瀉)명당

혈장 앞이 높고 급하여 물이 쏟아지듯 도망가는 명당으로 흉하다.

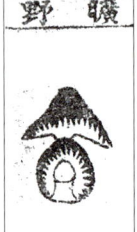

15. 광야(曠野)명당

혈장 앞이 끝없는 평야로 전혀 관쇄가 없는, 생기가 전혀 모일 수 없는 명당으로 흉하다.

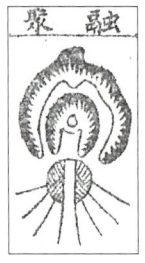

16. 융취(融聚)명당

사방의 모든 물이 명당으로 모여 큰 주머니를 이루며, 손바닥을 편 가운데로 부자로써 금과 은을 말로 셈하는 곳이다.

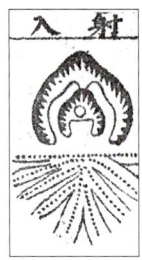

17. 사입(射入)명당

모든 물이 혈장을 향하여 순수(順水) 혹은 사입하는 물로써, 주로 오역(忤逆), 형륙(刑戮)의 흉이 있다.

18. 질색(窒塞)명당

명당 내의 높은 언덕이 가로놓여 막혀 있어 전혀 마음의 여유가 없다. 자손들은 미천하고 어리석으며 흉하다.

19. 파쇄(破碎)명당

구덩이 혹은 뾰족한 돌들이 무너져 깨끗하지 못하며, 화가 적으면 재산은 파산하고, 백사가 다 이루지 못한다. 그리고 이곳은 데릴사위를 두는 곳이다.

理氣論

第三章

이기론

形氣는 룡혈사수의 국세를 살피는 법이고,
理氣는 재혈법으로 장사를 지내는 법이다.
理氣는 라경을 사용하며 룡혈사수의 來法와
曲折의 방위를 측정하며 룡수의 生旺休囚를 구분하고,
장사 지내는 데 생기를 얻지 못하느냐의
여부를 살펴 天光과 地氣를 합일 융통시키는 법이다.
비록 山砂가 形氣로는 흉사로 나타났어도 理氣상으로 수습하며
길사로 만들면 흉이 변하며 길로 될 수 있는 것이다.

第一節 오행(五行)

一. 정오행(正五行)

오행	木	火	土	金	水
천간	甲乙	丙丁	戊己	庚辛	壬癸
지지	寅卯	巳午	辰戌丑未	申酉	亥子
팔괘	震巽	離	坤艮	兌乾	坎

이 오행은 방위(方位), 룡기, 음양, 순역(龍氣, 陰陽, 順逆)에 응용한다.

二. 오행 상생상극(五行 相生相剋)

상생 : 金生水　　水生木　　木生火　　火生土　　土生金

상극 : 金剋木　　木剋土　　土剋水　　水剋火　　火剋金

三. 홍범오행(洪範五行)

水 = 甲寅辰巽戌子辛申　　木 = 卯艮巳　　火 = 午壬丙乙

金 = 酉丁乾亥　　　　　　土 = 癸丑坤庚未

이를 대오행(大五行)이라 하며, 산은 고치고 바꿀 수 없으나 물은 이동하며 변하는 고로, 이 홍범오행은 소수(消水) 변운(變運)에만 전용한다.

四. 쌍산(雙山) 삼합오행(三合五行)

木 = 乾亥 甲卯 丁未 　　水 = 坤申 壬子 乙辰

火 = 艮寅 丙午 辛戌 　　金 = 巽巳 庚酉 癸丑

이 쌍산 삼합오행은 24방위 내 사격, 물 등을 論하며, 포태법을 적용한다.

장생방의 고봉, 목욕방의 래통로, 관대방의 과협수, 임관방의 소소봉, 제왕방의 경사진 사격 혹은 고봉에 흉흠

병방의 낮은 곳이 많음, 사방나무다리, 묘절방의 요풍이 쓸고, 태양방의 소봉 등등은 모두 다 삼합오행으로 사격과 물의 길흉을 보는 것이다.

五. 납음오행(納音五行)

甲子해중금　丙寅노중화　戊辰대림목　庚午노방토　壬申검봉금
乙丑海中金　丁卯爐中火　己巳大林木　辛未路傍土　癸酉劍鋒金

甲戌산두화　丙子간하수　戊寅성두토　庚辰백납금　壬午양유목
乙亥山頭火　丁丑澗下水　己卯城頭土　辛巳白蠟金　癸未楊柳木

甲申천중수　丙戌옥상토　戊子벽력화　庚寅송백목　壬辰장류수
乙酉泉中水　丁亥屋上土　己丑霹靂火　辛卯松柏木　癸巳長流水

甲午사중금　丙申산하화　戊戌평지토　庚子벽상토　壬寅금박금
乙未砂中金　丁酉山下火　己亥平地土　辛丑壁上土　癸卯金箔金

甲辰복등화　丙午천하수　戊申대역토　庚戌차천금　壬子상자목
乙巳覆燈火　丁未天河水　己酉大驛土　辛亥釵釧金　癸丑桑柘木

甲寅대계수　丙辰사중토　戊午천상화　庚申석류목　壬戌대해수
乙卯大溪水　丁巳沙中土　己未天上火　辛酉石榴木　癸亥大海水

일화를 소개하면 동양대학교에서 풍수지리 강의를 하는데, 학생 한 분이 일어나 질문이 있다는 것이다. 질문의 내용은 납음오행에 금·목·수·화·토 오행이 있는데, 이 오행이 60갑자에 붙게 된 이유를 설명하라는 것이다. 필자는 이 오행을 직접 만들어 적용한 것도 아니어서 당황하였으나, 마침 내가 가지고 있는 중국고서에 납음오행이 60갑자에 적용한 이유를 설명하고 있어서 이를 풀어서 설명한 예가 있다.

납음오행의 적용 이유는,

甲己子午九　　　乙庚丑未八　　　丙辛寅申七
丁壬卯酉六　　　戊癸辰戌五　　　巳亥四

그 법은, 甲子乙丑 해중금인데, 甲九子九는 18, 乙八丑八은 16 하면 도합 34가 된다. 이 34를 5행으로 나누면 나머지 4는 금이 된다. 나머지 수

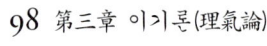

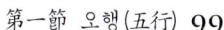

1은 火, 2는 土, 3은 木, 4는 금, 5는 수로 납음오행이 된다. 이 납음오행은
분금(分金)을 놓는 데 선택하여 생극제화(生剋制化)에 응하라 하였다.

六. 현공오행(玄空五行)

生人剋入 宅墓放水之用 生出剋出 退神水也

火 = 丙丁酉乙 　　金 = 乾坤卯午 　　　　土 = 戌庚丑未

木 = 甲癸亥艮 　　水 = 子寅巽辛巳辰申壬

이 용도는 보수여산량(步水與山量)이라 하였다.

七. 팔괘오행(八卦五行)

相配 補局 消納堂局 砂水用

木 = 震庚亥未 巽辛 　　金 = 兌丁巳丑 乾甲 　　水 = 坎癸申辰

火 = 離壬寅戌 　　土 = 坤乙艮丙

八. 혼천오행(渾天五行)

持世以察 四吉 五親 砂水 峰巒秀麗應

乾宮 甲子 外 壬午 　　坎宮 戊寅 外 戊申

艮宮 丙辰 外 丙戌 　　震宮 庚子 外 庚午

巽宮 辛丑 外 辛未 　　離宮 己卯 外 己酉

坤宮 乙未 外 癸丑 　　兌宮 丁巳 外 丁亥

第二節 라경론(羅經論)

라경은 포라만상(包羅萬象)에서 라자(羅字)를 취하고 경륜천지(經綸天地)에서 경자(經字)를 취하였으며, 라경은 위로는 하늘의 시를 관찰하고 아래로는 땅의 이치를 헤아리며 가운데로는 사람의 길흉화복을 정하는 신기한 기구이다.

라경은 처음에 나침반으로 남북을 가리키면서 동서남북 사방을 알게 되었고, 주역팔괘(周易八卦)에서 팔방을 정하고, 그리고 지지12자(地支十二字)를 표시함으로 12방위를 측정하게 되었다.

그 후 한(漢)나라 적송자(赤松子)가 사유팔간(四維八干), 건곤간손(乾坤艮巽), 갑경병임(甲庚丙壬), 을신정계(乙辛丁癸)를 계봉(界縫)하여 24방위를 정하니, 이것이 라경 四층의 지반정침(地盤正針)이다.

당(唐)나라의 양균송(楊均松)이 수(水)를 기준으로 한 수법(득수, 수구, 황천살)을 볼 수 있는 라경 八층의 천반봉침(天盤縫針)을, 송(宋)의 나태소가 천성(天星)을 기준으로 하여 사격(砂格)을 보는 六층의 인반중침(人盤中針)을 증보하였으니, 이로서 천·지·인의 三반이 만들어졌다.

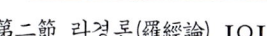

　　현재 우리가 사용하고 있는 라경은 청(淸)나라 매곡천(梅穀天)이 강희
윤도(康熙輪圖)의 완성으로 더욱 정교하게 되었다.

　　라경의 종류로는 五층반, 七층반, 九층반, 二十二층반, 二十八층반 등
상당히 다양하며, 라경투해에서는 三十六층을 론하였으나, 실지 사용하는
데는 九층반이면 충분하므로 이를 기준으로 하여 라경론을 論하고자 한다.

　　시중에 나온 서적에 의하면 一線, 二線 하기도 하고 一층, 二층 하기도
한다. 여기에서는 라경 안쪽에서부터 一층, 二층 하면서 밖으로 설명하니
착오 없기를 바란다.

　　五층반, 七층반을 보면 九층에 비해 있어야 할 인반중침(사격을 본다),
투지(透地) 六十龍(주보선의 왕상룡맥을 혈판에 재혈하는 선) 등이 없고,
어느 학파에서는 천산 七十二龍을 분금으로 대용하고 있으나, 이는 九층반
의 분금선과 틀리므로 사용 불가하며, 二十二층반, 二十八층반 등은 너무
복잡하여 보기도 어렵다. 이 九층반으로 라경투해에 있는 三十六층을 충분
히 응용할 수 있으니, 앞으로 배우고자 하는 학자나 현재 사용하고 있는 모
든 학자들께서도 이 九층반으로 통일해 주기 바란다.

一. 측정 방법(測定 方法)

　1. 묘지에서의 측정은, 혈심처에 라경을 정반시키고 子午로 정침한다.
　　　四층 지반정침은 좌향 입수 등의 길흉을 본다.

六층 인반중침은 혈장 주위의 사격의 길흉을 본다.

八층 천반봉침은 물의 득수, 파구, 정축수, 황천살 등의 길흉을 본다.

2. **입수도두에서의 측정은, 도두 중앙에 라경을 정반시키고 子午로 정침한다.**

四층 지반정침으로 래룡의 룡절 변화 형태를 측정한다.

五층 천산 七十二룡은 왕상맥(旺相脈), 고허맥(孤虛脈), 공망맥(空亡脈)을 분별한다.

七층 투지 六十룡은 왕상맥의 주보선(珠寶線)을 혈판으로 재혈한다.

3. **陽宅(대지 건물)에서의 측정은, 대지 중심, 건물 중심에 정반시키고 子午 정침한다.**

四층 지반정침으로 팔괘 방위에 양택삼요(陽宅三要)인 문방주(門, 房, 廚) 등을 측정한다.

二. 1층 용상팔살(龍上八殺)

중국 고전 지리오결 라경 第二層에 용상팔살을 다음과 같이 설명하고 있다.

감용곤토진산후(坎龍坤兔震山猴) 손계건마태사두(巽鷄乾馬兌蛇頭)

간호이저위살요(艮虎離猪爲殺曜) 총택봉지일단휴(塚宅逢之一旦休)

1. 正五行

木은 甲乙寅卯   火는 丙丁巳午   金은 庚辛申酉

水는 壬癸亥子   土는 戊己 辰戌丑未

2. 八卦五行

木은 震巽   火는 離   金은 乾兌   水는 坎   土는 艮坤

3. 룡살팔살(龍上八殺)

이는 향법으로 향이 룡을 극함으로 살이 된다.

坎龍(壬子癸)은   不立辰向(坎은 水, 辰은 土로 토극수)   殺曜

坤龍(未坤申)은   불입卯향(坤은 土, 卯는 木으로 목금토)   〃

震龍(甲卯乙)은   불입申향(震은 木, 申은 金으로 금극목)   〃

巽龍(辰巽巳)은   불입酉향(巽은 木, 酉는 金으로 금극목)   〃

艮龍(丑艮寅)은   불입寅향(艮은 土, 寅은 木으로 목극토)   〃

離龍(丙午丁)은   불입亥향(離는 火, 亥는 水로 수극화)   〃

乾龍(戌乾亥)은   불입午향(乾은 金, 午는 火로 화극금)   〃

兌龍(庚酉辛)은   불입巳향(兌는 金, 巳는 火로 화금금)   〃

이를 범하면 하루 아침에 망한다고 하였으며, 풍수지리법 중 가장 흉한 살이니 반드시 피하여야 한다.

보는법 감룡(임자계)으로 來龍時

감룡은 북방으로 라경을 보면 一층에 辰이 있고, 그 양쪽선을 따라 四층

으로 가면 임자계 방위가 그 속에 포함된다. 래룡이 임자계방위로 입수도
두되었으면 진방으로 향을 세우지 말라는 것인데, 동남쪽 진향(술좌)을 하
면 룡상팔살이기 때문이다. 다른 향도 이와 같다.

4. 팔요수(八曜水)

이는 우리나라 천기대요(天機大要)에 의한다.

감좌(임자계)에 진술방 來去水　곤좌(미곤신)에 묘방 래거수
진좌(갑묘을)에 신방　來去水　손좌(진손사)에 유방 래거수
태좌(경유신)에 사방　來去水　간좌(축간인)에 인방 래거수
이좌(병오정)에 해방　來去水　건좌(술건해)에 오방 래거수

지하의 샘물은 음수이며, 이는 물이 냉하여 시신이 부패하지 않는다. 지
상의 샘물은 양수이며, 이는 물이 따뜻하여 시신의 부패가 속하다. 그러므
로 음양수가 광중으로 침입하고 바람이 불어오면 살요가 되어 자손이 손재
하고 요절하며 백 가지 병을 면치 못한다.

음양수의 광중 침입은 혈장 주변 5미터 이내에 꺼지고 무너진 곳이다.

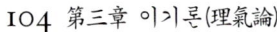 감좌(임자계)를 정할 때

감좌는 북방이고 진방은 동남인데, 이 때는 八층 천반봉침으로(四층 지
반정침보다 7. 5도 앞) 물의 득수 파구를 본다.

三. 2층 팔로 황천살(八路 黃泉殺)

이 층은 향으로 살을 보는 층으로, 四층의 천간자를 기준으로 하여 二층을 보면 사유(四維) 건곤간손향에는 二개 방위에 팔간(갑경병임을신정계)가 표시되어 있으며, 팔간에는 사유가 표시되어 있다.

壬향에 乾방   癸향에 艮방   艮향에 甲방   癸방

甲향에 艮방   乙향에 巽방   巽향에 丙방   乙방

丙향에 巽방   丁향에 坤방   坤향에 庚방   丁방

庚향에 坤방   辛향에 乾방   乾향에 壬방   辛방

보는법 손향시(좌측의 을방, 우측의 병방에 來去水의 길흉을 본다.)

손향을 하고 좌측의 을방수는 八十八향법으로 자생향이 되고, 우측의 병방수는 문고소수법이 되어 득수는 자손이 상하고 죽으며 집안이 망하고 패절하는 殺人黃泉이고, 거수(수구)는 아침의 가난에 저녁의 부자 되고, 부귀가 똑같이 일어나는 救貧黃泉이 된다.

이를 길흉별로 보면 다음과 같다.

갑경병임향의 건곤간손수는 (大黃泉)이다.

　　　　득수는 구빈황천, 파구는 살인황천

을신정계향의 건곤간손수는 (正墓向)이다.

　　　　득수는 살인황천, 파구는 구빈황천

건곤간손향의 갑경병임수는 (文庫消水)이다.

　　　　득수는 살인황천, 파구는 구빈황천

건곤간손향의 을신정계수는 (自生向)이다.

　　　　득수는 살인황천, 파구는 구빈황천

이 법은 팔십팔향법을 배우면 자연스럽게 알게 될 것이다.

四. 3층 삼합오행(三合五行)

이는 四층 지반정침 24방위 지지자에 삼합오행이 배속되어 있다.

木국　亥卯未 乾甲丁　　　火국 寅午戌 艮丙辛

金국　巳酉丑 巽庚癸　　　水국 申子辰 坤壬乙

라경을 보면 정삼각형으로 형성되어 있다. 이를 쌍산오행으로 보면, 다음과 같다.

목국,　건해(생)　갑묘(왕)　정미(묘)

금국,　손사(생)　경유(왕)　계축(묘)

수국,　곤신(생)　임자(왕)　을진(묘)

화국,　간인(생)　병오(왕)　신술(묘)

五. 4층 지반정침(地盤正針)

지반정침은 이기학문의 근원적 시발점이며, 라경 전 기능의 원천이다. 일층에서 구층까지의 역할과 해설이 四층을 기준으로 설명된다.

四층의 대표적 역할은 24방위를 변방(辨方), 격룡(格龍), 입수(入首)의 격정 정좌(定坐) 입향에 있다.

좌향은, 다음과 같다.

임좌병향	자좌오향	계좌정향	축좌미향
간좌곤향	인좌신향	갑좌경향	묘좌유향
을좌신향	진자술향	손좌건향	사좌해향
병좌임향	오좌자향	정좌계향	미좌축향
곤좌간향	신좌인향	경좌갑향	유좌묘향
신좌을향	술좌진향	건좌손향	해좌사향

현재 시중에 나돌고 있는 라경을 보면 四층의 지반정침에 적색, 청색으로 정음정양(淨陰淨陽)법을 표시(라경 품번: 30135번 신형 우진산업사 제품)하고 있다. 위 라경으로 공부하면 이 책에서 설명하는 라경법을 이해하는 데 큰 도움이 될 것이다.

六. 5층 천산칠십이룡(穿山七十二龍)

주산으로부터 내려온 룡맥이 입수도두처의 어느 기맥으로 들어 왔느냐를 세밀하게 보는 것이며, 이 맥이 길한 것이냐 흉한 것이냐를 가리는 것이다.

천산룡은 24방위를 1방위에 3룡으로 나눈 것으로, 72룡이 되는 것이다. 이 중 12支字 各 三龍 양편의 丙子旬(병자에서 정해), 庚子旬(경자에서 신해)은 길맥으로 취용하고, 중간 戊子旬(무자에서 기해)은 흉맥으로 불용한다. 그리고 천간자 각 3룡 중 양편의 甲子旬(갑자에서 을해), 壬子旬(임자에서 계해)은 흉맥으로 불용한다.

丙子旬은 旺脈, 庚子旬은 相脈으로 음양이 충화지상이라 하여 자손과 재물이 왕성하여 집안이 일어나는 길룡맥으로 취용한다.

甲子旬은 孤脈, 壬子旬은 虛脈, 戊子旬은 空亡으로 음양불충화이다. 자손이 상하고 재물이 흩어지는 흉맥으로 불용한다.

천산룡을 보는 법은 반드시 四層 지반정침의 12支방위 다음 층으로 左에 병자순, 右에 경자순으로 양룡맥만 길한 것으로 취용하고, 그 외는 흉이다.

라경은 과협처중심(결은속기처)이나 입수도두점에 정반하고 래룡 쪽을 향하여 보아야 한다

　길흉룡맥을 가리는 법은 주역납갑법(周易納甲法)에서 나왔으며, 다음과 같다.

乾卦 內甲子 外壬午　坎卦 內戊寅 外戊申
艮卦 內丙辰 外丙戌　震卦 內庚子 外庚午
巽卦 內辛丑 外辛未　離卦 內己卯 外己酉
坤卦 內乙未 外癸丑　兌卦 內丁巳 外丁亥

　쾌상에서 중효를 제하고 보면, 건곤감이쾌는 양대양 음대음으로 음양이 불충화되며, 납갑법으로 건괘에 甲壬, 감괘에 戊, 곤괘에 乙癸, 이괘에 己 이다. 그러므로 건괘의 갑자순, 임자순을 고허맥으로, 감괘의 무자순을 공망맥으로 불용하는 것이다.

　진손간태쾌는 양대음, 음대양으로 음양이 충화되며, 납갑법으로 간괘는 丙, 진괘는 庚, 손괘는 辛, 태괘는 丁이다. 그러므로 간괘의 병자순은 왕맥으로, 진괘의 경자순은 상맥으로 길로써 취용한다.

　시중에 있는 라경 十三층(품번 30135번 신형)을 보면, 록색으로 병자순, 경자순을 왕상맥을 표시하고 있어, 이 맥이 길한 것이다.

七. 六층 인반중침(人盤中針)

　모든 사격이 혈장을 도와 줄 수 있는 방위에 있느냐 없느냐를 살펴보는 데 활용한다.

인반중침은 四層 지반정침보다 7.5도 뒤를 따라오고 있으며, 이는 사격은 산이고 음이기 때문에 陽順 陰逆 원리에 의한 것이다.

인반중침으로 사격을 볼 때 삼길육수, 장생방, 임관방, 록마방, 귀인방, 겁살방 등을 측정하며, 모든 사격의 길흉은 이기론 砂法에서 자세히 설명한다.

八. 7층 투지육십룡(透地六十龍)

천산 칠십이룡으로 입수도두한 룡맥을 혈판에는 火坑 空亡을 피하고, 珠寶穴로 정확하게 재혈하는 데 있다.

육십룡(六十 甲子)을 갑자순, 병자순, 무자순, 경자순, 임자순으로 전방위에 분포되었으며, 병자순, 경자순, 24룡을 길룡맥으로 주보혈로 취용하며, 四층 지반정침 24방위 정중앙에 위치하고 있다.

시중 라경(번호 30135번 신형)에 보면 녹색으로 표시되어 있다.

楊公의 五氣論

갑자순(갑자에서 을해) 冷氣脈으로 孤로 不用
병자순(병자에서 정해) 正氣脈으로 旺으로 取用
무자순(무자에서 기해) 敗氣脈으로 殺로(화갱 살요) 절대 불용

경자순(경자에서 신해) 旺氣脈으로 相으로 取用

임자순(임자에서 계해) 退氣脈으로 虛로 不用

병자순, 경자순 룡맥은 왕상으로 주보혈이며, 부귀발복한다. 갑자순, 임자순 룡맥은 고허로 차참공망으로 룡혈에 따라 小祿이 있으나, 흉이 많고 길은 적다.

무자순 룡맥은 화갱 살요가 되어 損妻剋子하고, 광중에 물이 들고 개미들이 관을 갉아먹는 크게 흉한 것이다.

60투지룡맥의 주보혈은 三十六층의 여러 가지 법 중 제일이며, 이를 재혈천광은 풍수지사의 생명이며, 막중한 책임이다.

다소의 오차라도 천신만고 끝에 얻은 진혈을 버리는 과실을 범한다. 본룡맥을 정확하게 재혈하면 72龍의 길흉을 개의치 않는다는 설도 있다.

九. 8층 천반봉침(天盤縫針)

지반정침보다 7.5도 앞에 시계 방향으로 순행 위치를 차지하고 있다. 수는 양이므로 陽順 陰逆 원리에 의하였다. 모든 물은 이 8층 천반봉침으로 본다.

湖水 池塘水 海水의 측정은 보이는 물의 중심이 기본점이다.

得水는 제일 처음 보이는 곳이다.

破口는 나가는 물이 맨 마지막으로 보이는 곳이다.

乾川(비가 올 때는 물이 흐르고, 평시는 물이 없는 곳)도 개울물과 똑같이 본다.

물은 반드시 명당으로 와서 혈장 앞으로 지나는 물이 所用이며, 池湖水도 같이 본다.

一층 坐에서 측정하는 八曜水(來去水)
二층 坐에서 측정하는 黃泉水(來水 去水)
四층 八十八向水法에 의한 득수 파구
輔星水法(淨陰淨陽法)에 의한 득수 파구

88향법과 보성수법은 이기론의 장생법(포태법), 구성법에서 자세히 설명하고 있다.

十. 9층 분금법(分金法)

분금은 360度를 120龍으로 나누었으며, 장사 지내는 최종 작업이다. 120분금으로 세분하는 이유는 혈판의 음양 배합에 생기를 세밀하고 섬세하게 시신에 미치도록 하는 것에 그 목적이 있다.

60透地룡맥의 주보혈을 혈판에 정확하게 재혈하여 定坐立向하는데, 분금반을 보면 甲乙孤 戊己殺曜 壬癸虛는 空欄으로 불용하며, 丙丁旺 庚辛相으로 表示되어 있고 이분금만 취용한다.

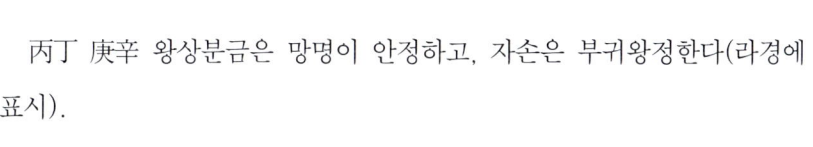

丙丁 庚辛 왕상분금은 망명이 안정하고, 자손은 부귀왕정한다(라경에 표시).

壬癸 甲乙 고허분금은 망명이 불영하고, 자손은 불성불재한다(라경 공란).

戊己 살요분금은 망명, 자손 모두 극흉이다(라경 공란).

분금과 망명은 똑같이 納音五行을 用하여 상생상극으로 분금을 취용한다.

망명(생년)이 坐山에 의하여 制克 泄氣되면 凶으로 不用하고, 坐山에 의하여 相生 比和되면 吉로 取用한다. 坐山을 剋하면 취용한다. 이렇게 취용 분금을 가려서 놓으면 靈魄이 안정하고, 자손이 부귀한다.

正針分金을 二, 八분금이라 하고, 縫針分金을 三, 七분금이라 한다. 만일 정침분금으로 一좌에 二개 분금으로 납음오행을 사용하여 취용할 분금이 없을 때에는 부득이 봉침분금을 架線 사용하여야 한다.

예 子坐午向時 망명이 丙寅생이면 火이다.

분금 丙子는 水로 망명의 화가 극을 받아 불용되고, 분금 庚子는 土로 망명의 화가 토에 설기되므로 불용된다. 이 때 봉침분금을 사용하는데, 壬坐下의 辛亥분금을 架線한다.

이 때 정침분금 子좌 丙子분금 右측의 봉침분금 壬좌에 辛亥분금 左측이 가선됨을 알 수 있다. 가선된 부분으로 분금하는 것이 정법이다. 만일 辛亥 분금 右측을 보면 정침분금의 갑자에 고허분금을 침범하니 흉이다.

예 (천반봉침 분금 가용 예)

지반정침	子				壬		
정침분금		庚子		丙子		辛亥	丁亥
봉침분금	丙子			辛亥	丁亥		
천반봉침	子			壬		亥	

봉침분금을 可用할 수 있는 분금은 아래 보기를 참조하라.

보기

子좌 午향 정침분금 丙子水 庚子土 可用 辛亥金 봉침분금을 丙子에 가선

寅좌 申향   〃   丙寅火 庚寅木   〃   辛丑土 봉침분금을 병인에 가선

辰좌 戌향   〃   丙辰土 庚辰金   〃   辛卯木 봉침분금을 병진에 가선

午좌 子향   〃   丙午水 庚午土   〃   辛己金 봉침분금을 병오에 가선

申좌 寅향   〃   丙申火 庚申木   〃   辛未土 봉침분금을 병신에 가선

戌좌 辰향   〃   丙戌土 庚戌金   〃   辛酉木 봉침분금을 병술에 가선

다른 좌에는 봉침분금을 취용하여도 납음오행이 동일하게 래도(來到)하므로 취용할 수 없다.

끝으로, 광중을 파고 입관하는 데 주의점을 알려 준다. 요즈음 흔히 쓰고 있는 법은 광중을 팔 때 보면 대개, 子좌午향 하면 라경의 중앙은 戊子분금으로 공란으로 되어 있다. 그러나 이를 모르고 무조건 중앙으로 광중을 파고 시신을 하관시킨다. 그러면 이는 분금법에 戊己殺曜로 火坑을 당

하는 극흉지이다. 그 후 실로 활을 만들고 라경을 시신의 복부 부위에 놓고, 丙子분금이나 庚子분금으로 맞추기 위하여 시신의 상을 左로 右로 하면서 시신을 돌려보고자 하지만, 입관시킨 시신이 광중이 좁아서 움직이지 않는다. 그러다가 한참 있다가 잘 맞았다고 하면서 그대로 장사를 지낸다. 이는 戊子殺曜분금에 장사를 치른 격이다.

권장하건대, 앞으로는 처음 광중을 팔 때 병자분금이나 경자분금을 정한 후 분금선을 중앙으로 맞춰 광중을 지으면 입관 후 시신의 상을 좌지우지할 필요가 없으며, 정중앙으로 입관하면 병자 경자 왕상 분금이 되는 것이다.

지방으로 출장을 나가보면 풍수 일을 20여 년 하면서도 분금법을 모르고 있는 자 허다하게 많았으며, 또한 학자로 자칭하면서도 분금법이 없다느니 또는 五층의 천산 72龍과 7층의 투지룡을 분금으로 사용하는 자도 보았다.

중국라경 8층의 정침분금(正鍼分金)을 보면, 분금 甲子는 납음오행으로 金이다.

60甲子를 두 번 하면 120이 된다. 고로, 분금 전용하고 좌향 정혈에 응용하라 하였으며, 매 궁마다 분금이 五가 있는데, 丙丁庚辛분금은 취하고, 壬甲은 고(孤), 乙癸는 음허(陰虛), 戊己는 구갑공방으로 피하라 하였다. 그러므로 丙丁庚辛은 왕상(旺相)이다. 형충인해(刑沖刃害) 등도 꺼리나, 납음오행으로 망명(亡命)을 극(剋)하는 것은 더욱 꺼린다고 하였다.

중국라경 十층 봉침분금에서는 이분금을 가감(加減)하여 쓰인다. 그러므로 三七, 二八지분으로 서로 계약되어 있다.

오늘날 사람들이 내반(지반봉침)으로 룡을 살피고, 외반(천방봉침)으로 좌향과 정혈을 하라고 한 것은 잘못된 것이다. 이렇게 내반정침으로 좌향과 분금을 보라고 명시되어 있다.

현재 우리나라에서 8층 천반봉침을 기준하여 분금을 사용하는 자가 소수 있다. 이는 지리오결에 있는 라경의 의수입향하라는 것을 오인, 8층 천반봉침으로 좌향을 정하고 분금도 이를 기준으로 하기 때문이다. 그러나 시중의 모든 라경이 4층의 지반정침을 기준하여 분금법을 설명하였으며, 9층의 천반봉침을 기준한 라경은 보지 못하였다.

천반봉침으로 좌향을 정하는 학자가 계시면 그 정당성에 대하여 연락 주시면 감사하겠다.

참고로, 시중 라경 30135번에 보면, 7층 투지60룡에 의한 납음오행이 10층에 표시되어 있어서 책을 보지 않고서 라경만으로 분금과 망명의 생극제화(生剋制化)를 응용할 수 있다.

十一. 라경 일람표

	1. 중국라경	2. 지리오결	3. 현행 九층반
1층	천지	팔괘	八요황천살
2층	선천 후천 팔괘	룡살 八살	四로八로황천살
3층	지반	정음양룡	삼합오행
4층	음양룡	내반정침	지반정침
5층	구성천성원국	八대황천	천산 七十二룡
6층	二十四 정침	충록황천	인반중침
7층	七十二 천산	四고황천	투지 六十룡
8층	정침분금	외반봉침	천반봉침
9층	二十四 절기	봉침분금	지반정침분금
10층	태양전도	천성	
11층	분야		
12층	월장		
13층	외반봉침 二十四위		
14층	천성 작향		
15층	봉침분금		
16층	기하갑자 三후		
17층	투지 六十평분룡		
18층	투지괘 지세숙		
19층	五친 사미		
20층	귀인 록마		
21층	三기 四길		
22층	八문 성도오행		
23층	개회 二十八숙도수길흉		
24층	二十八숙도수길흉		

第三節 지리오결(地理五訣)

一. 룡결

1. 장생법(長生法胞胎法)

형기는 룡혈사수의 국세를 살피는 법이고, 이기는 재혈법으로 장사를 지내는 법이다. 이기는 라경을 사용하여 룡혈사수의 來去와 曲折의 방위를 측정하여 룡수의 生旺休囚를 구분하고, 장사 지내는 데 생기를 얻었느냐 얻지 못하느냐의 여부를 살펴 天光과 地氣를 합일 융통시키는 법이다. 비록 山砂가 형기로는 흉사로 나타났어도 이기상으로 수습하여 길사로 만들면 흉이 변하여 길로 될 수 있는 것이다.

룡진혈적의 사세만국이 길혈이라 하여도 이기론의 재혈법을 모른다면 천신만고 끝에 얻은 진혈을 버리는 것과 같다. 이를 비유하여 말하면 값비싼 옷감을 가지고도 재단을 잘못하여 제대로 옷을 만들지 못하고 옷감을 버리는 것과 같다.

현존하는 이기론이 여러 가지 법이 많으나 三合理氣(長生法)와 九星理氣(淨陰淨陽法)로 나눌 수 있고, 이 범위를 벗어나 論할 수 없는 것이다.

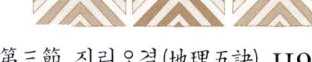

장생법(일명 포태법)에 대하여 금낭경에는 다음과 같이 설명하고 있다.

五行之氣는 地中에 감추어져 있어 地上의 모든 만물을 生하게 하는데, 사람들은 스스로 그것을 알지 못한다고 하였다. 그리고 오행의 氣는 寅申巳亥에서 生한다고 하였으며, 火生寅 水土生申 金生巳 木生亥라 하여 생방을 말하였다.

火는

自寅至午는　爲生旺으로　有氣　山水年月하고,

從未至丑은　爲衰絶로　無氣　山水年月이다.

長生寅　沐浴卯　冠帶辰　臨官巳　帝旺午　衰未

病　申　死　酉　墓葬戌　絶　亥　胎子　養丑

이다.

좌향과 년월은 장생 제왕을 맞추어 선택하고, 휴수사절의 좌향과 년월은 흉신 악살로서 해가 있으니 반드시 피하여야 한다.

장생 제왕 관대 임관방은 성왕대창으로 대길하고,

양 쇠방은 평정차길하며 병 사 묘 절방은 최흉하고,

태 목욕방은 차흉으로 보아 길흉화복을 론하는 것이다.

2. 雙山 三合五行, 起胞法

雙山 三合五行은 四胞(寅申巳亥)에서 起胞한다.

수장도(手掌圖)

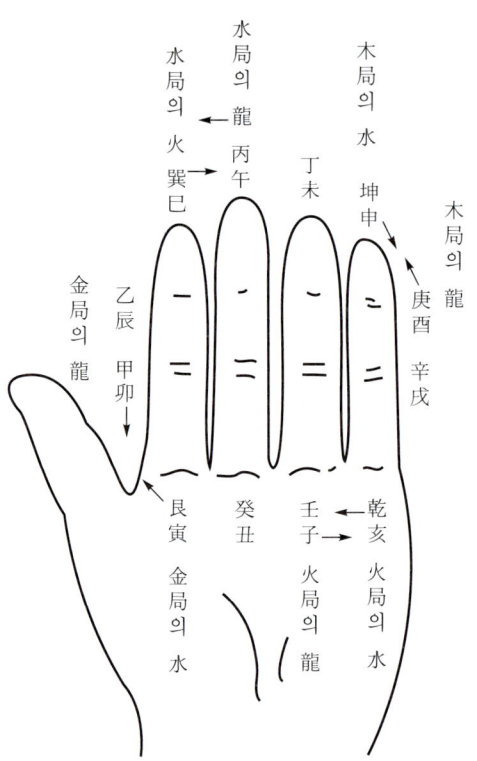

氣胞法

水 : 金寅, 水土巳, 木申, 火亥 起胞順

龍 : 金卯, 水土午, 木酉, 火子 起胞逆

3. 사대국법(四大局法)

룡법은 파구를 기준으로 입수룡의 길흉을 보며, 수법은 파구를 기준으로 수의 길흉을 보는 것이다.

본 四大局法은 비교적 배우기가 쉬울뿐만 아니라, 길흉화복도 매우 높다.

룡법은 음이므로 子午卯酉에서 기포역행하고, 수법은 양이므로 寅申巳亥에서 기포순행한다. 그러면 帶龍의 帶水이고, 旺龍의 生水이며, 生龍의 旺水가 同位가 된다.

4. 을병교이추술 화국을룡 생왕사절(乙丙交而趨戌 火局 乙龍 生旺 死絕)

辛戌乾亥壬子水口　　乙丙交而　　趨戌　乙木陰龍　庚酉　起胞逆行

　　　　　　　　　　丙火陽水　乾亥　起胞順行

절태법	절	태	양	생	욕	대	관	왕	쇠	병	사	묘
乙木龍	유	신	미	오	사	진	묘	인	축	자	해	술
丙火水	해	자	축	인	묘	진	사	오	미	신	유	술

산을 보기 위하여 입수도두 결혈처에 이르러 라경 8층 외반봉침으로 수구를 보아 辛戌 乾亥 壬子 6개의 상으로 있으면 이는 을병교이추술의 화국 乙龍이 된다.

다음 라경 4층 지반경침으로 장생법으로 격룡하니, 을목의 장생은 丙午에서 역행, 艮寅은 왕룡, 辛戌은 묘룡이 된다.

丙午입수는 생룡, 乙辰입수는 관대룡, 甲卯입수는 임관룡, 艮寅입수는 왕룡으로, 8개 입수는 이기상으로 생왕을 얻은 것이고, 룡의 형상이 생왕하고 결은속기처가 양호하면 반드시 부귀 대발한다.

壬子입수는 병룡, 乾亥입수는 사룡, 庚酉입수는 절룡으로, 6개 입수는 이기상으로 사절을 범한 것이요, 룡의 형상이 비록 생왕하여도 부귀는 불발한다.

5. 신임회이취진 수국신룡 생왕사절(辛壬會而聚辰 水局 辛龍 生旺死絕)

乙辰巽巳丙午水口   辛壬會而聚辰   辛金陰龍   甲卯   起胞逆行
　　　　　　　　　　　　　　　　壬水陽水   巽巳   起胞順行

절태법	절	태	양	생	욕	대	관	왕	쇠	병	사	묘
辛金龍	묘	인	축	자	해	술	유	신	미	오	사	진
壬水水	사	오	미	신	유	술	해	자	축	인	묘	진

산을 보기 위하여 입수도두 결은처에서 라경 8층으로 수구를 보아 乙辰 巽巳 丙午 6개 상으로 있으면 이는 신임회이취진 수국의 신룡이 된다.

다음 라경 4층 지반정침으로 장생법으로 격룡하니 壬子입수는 생룡, 辛 戌입수는 관대룡, 庚酉입수는 임관룡, 坤申입수는 왕룡으로, 8개 입수는 이기상으로 생왕을 얻은 것이요, 룡의 형상이 생왕하고 속기결은처가 양호하면 반드시 부귀가 대발한다.

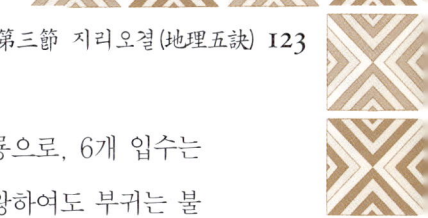

丙午입수는 병룡, 巽巳입수는 사룡, 甲卯입수는 절룡으로, 6개 입수는 이기상으로 사절을 범한 것이요, 룡의 형상이 비록 생왕하여도 부귀는 불발한다.

6. 두우납정경지기 금국정룡 생왕사절
(斗牛納丁庚之氣 金局丁龍 生旺死絶)

癸丑艮寅甲卯水口　　斗牛納丁庚之氣　　丁火陰龍　　壬子　　起胞逆行

庚金陽水　　艮寅　　起胞順行

절태법	절	태	양	생	욕	대	관	왕	쇠	병	사	묘
丁火龍	자	해	술	유	신	미	오	사	진	묘	인	축
庚金水	인	묘	진	사	오	미	신	유	술	해	자	축

룡을 볼 때 입수 도두처에서 라경 8층으로 수구를 보고 癸丑 艮寅 甲卯 6개의 상으로 있으면 두우납정경지기의 금국정룡이 된다.

라경 4층 지반정침으로 장생법으로 격룡하니 정룡의 장생은 庚酉에서 역행, 巽巳는 왕룡, 癸丑은 묘룡이 된다.

庚酉입수는 생룡, 丁未입수는 관대룡, 丙午입수는 임관룡, 巽巳입수는 왕룡으로, 8개 입수는 이기상으로 생왕을 얻은 것이요, 룡의 형상이 생왕하고 결은속기처가 양호하면 부귀가 대발한다.

甲卯입수는 병룡, 艮寅입수는 사룡, 壬子입수는 절룡으로, 6개 입수는 이기상으로 사절을 범한 것이요, 룡의 형상이 비록 생왕하여도 부귀가 불발한다.

7. 금양수계갑지령 목국계룡 생왕사절
(金羊收癸甲之靈 木局癸龍 生旺死絕)

丁未坤申庚酉水口　　金羊收癸甲之靈　　癸水陰龍　　丙午　　起胞逆行

　　　　　　　　　　　　　　　　　　甲木陽水　　坤申　　起胞順行

절태법	절	태	양	생	욕	대	관	왕	쇠	병	사	묘
癸水龍	오	사	진	묘	인	축	자	해	술	유	신	미
甲木水	신	유	술	해	자	축	인	묘	진	사	오	미

룡을 보기 위하여 입수도두 결혈처에 이르러 라경 8층으로 수구를 보아 丁未 坤申 庚酉 6개의 상으로 있으면 금양수계갑지령의 목국계룡이다.

라경 4층 지반정침으로 장생법으로 계룡의 장생은 甲卯에서 역행, 乾亥는 왕룡, 丁未는 묘룡이 된다.

甲卯입수는 생룡, 癸丑입수는 관대룡, 壬子입수는 임관룡, 乾亥입수는 왕룡으로, 8개 입수는 이기상으로 생왕을 얻은 것이요, 룡의 형상이 생왕하고 속기결은처가 참진하면 반드시 부귀가 대발한다.

庚酉입수는 병룡, 坤申입수는 사룡, 丙午입수는 절룡으로 6개 입수룡은 이기상으로 사절을 범한 것이요, 룡의 형상이 비록 생왕하여도 부귀가 불발한다.

二. 향결(向訣, 88向法)

본 향법은 일명 12水口斷法 혹은 向向發微 등 수종의 이름으로, 우리나라

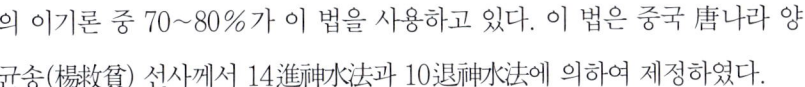

의 이기론 중 70~80%가 이 법을 사용하고 있다. 이 법은 중국 唐나라 양
균송(楊救貧) 선사께서 14進神水法과 10退神水法에 의하여 제정하였다.

본 법을 알면 천지 사방팔방 어디를 가도 버릴 땅이 없다고 하였으며,
다른 풍수지리법과 비교해도 최고의 법으로 손색이 없다.

이 법에 合이 되면 대지는 고귀극품으로 대발하고, 중격 룡혈이라도 유
복하게 발달하며, 하격 룡혈이라도 작은 귀와 자손이 많겠고, 먹고 입고 살
아가는 데 별 어려움이 없겠으며, 무맥지라도 이 법에 맞추면 부귀는 못할
망정 자손이 끊기거나 패가하는 일은 없을 것이다.

본 법은 평양지 혈장에서 주위의 사격으로 안산을 삼을만한 것이 없을
때 물을 안으로 대신하여 주로 사용하는 것이 원칙이며, 산룡 혈장에서 이
법을 사용하려면 龍法 砂法과의 중복으로 어긋남이 많이 나온다. 단, 참고
로 볼 수 있을 것이다.

본 법은 물을 기준으로 좌향을 정하는 제살피흉하는 법으로, 득수 파구
가 가장 중요하다. 따라서, 많은 관산으로 득수 파구 보는 법에 익숙하여야
하며, 착오가 있어서는 안 되는 것이다. 아무리 룡혈이 생왕하여도 본 법에
불합이면 그 복이 반감되며, 흉살을 피하기 어렵다.

길흉화복을 보는 법은 향상장생법에 의한 12運星의 生旺死絶 등으로 결
정된다.

보통 시중의 서책에서는 12좌향에 12水口별로 論하여 총 144 종류로

나누어 길흉을 설명하고 있다. 이는 복잡하여 외우기가 어려우니, 차라리 서책을 산까지 가지고 와서 일일이 좌향과 파구를 대조하여 길흉을 보는 자가 있는가 하면, 어떤 학자는 3년을 배워도 길흉론이 난해하여 모르겠다고 하면서 한탄하는 자도 많이 보았다. 필자는 이들을 가리키는 과정에서 어떤 자는 쉽게는 3~4시간, 많게는 3~4일이면 이 법을 완전히 숙지시켜 실무에 활용하도록 하였다.

다음에 보면 알겠지만, 총 144종류를 36종류로 축소 설명하여도 길흉화복에 하등의 지장이 없는 것을 알 수 있고, 포태법만 암기하면 자연히 길흉론을 줄줄이 외우게 되는 것이다.

본 법은 수구를 기준한 사대국법의 장생법 삼합오행에 의한 향상 장생법을 응용하였으며, 여기에 쌍산오행을 병용하고 있다.

사국오행 火局 辛戌乾亥壬子水口 　　　 起胞点 乾亥順行

　　　　 金局 癸丑艮寅甲卯水口 　　　 艮寅順行

　　　　 水局 乙辰巽巳丙午水口 　　　 巽巳順行

　　　　 木局 丁未坤申庚酉水口 　　　 坤申順行

삼합오행 (向上長生五行雙山五行竝用)

　　　　 火局　艮寅(生)　丙午(旺)　辛戌(墓)

　　　　 金局　巽巳(生)　庚酉(旺)　癸丑(墓)

　　　　 水局　坤申(生)　壬子(旺)　乙辰(墓)

　　　　 木局　乾亥(生)　甲卯(旺)　丁未(墓)

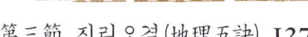

1. 생향(生向) 조견표

	좌	수		구			향	수		구		
金국	건해	임자	계축	간인	갑묘	을진	손사	병오	정미	곤신	경유	신술
木국	손사	병오	정미	곤신	경유	신술	건해	임자	계축	간인	갑묘	을진
火국	곤신	경유	신술	건해	임자	계축	간인	갑묘	을진	손사	병오	정미
水국	간인	갑묘	을진	손사	병오	정미	곤신	경유	신술	건해	임자	계축
절태법	병	사	묘	절	태	양	생	욕	대	관	왕	쇠
길흉 회복론	병위 충파	과궁수	정생향	교여불급	태위 충파	자생향	당문파	문고 소수	관대 충파	임관 충파	생래 파왕	쇠위 충파
불입향										불입 병향		불입 관향

예 乾坐巽向 亥坐巳向　金局 生向

癸丑水口 : 右水가 左로 흘러 묘위 癸丑방으로 나가니 正生向이다.

　　　　　　三合會旺(손사생향 경유왕득수 계축묘파구)

　　　　　　왕거영생의 구빈수법이며,

　　　　　　금성수형의 楊公의 14進神家業興이다.

　　　　　　妻賢子孝의 五福이 滿堂하며, 富貴盛旺이며,

　　　　　　子孫마다 발달한다.

乙辰水口 : 右水가 左로 흘러 양위 乙辰방으로 나가니,

　　　　　　借庫消水 自生向이다.

　　　　　　양공진신수법이며, 부귀장수 자손대왕한다.

　　　　　　차남이 먼저 발복하고, 다음 다른 자손에게 미친다.

丙字水口 : 左水가 右로 흘러 목욕위 丙字방으로 나가니,

文庫消水이다.

양공의 진신수법이며, 祿存流盡佩金魚라 하며,

부귀쌍전한다.

艮寅水口 : 右수가 左로 흘러 절위 艮寅방으로 나가니,

交如不及이다.

情이 약하다고 보며 顔回와 같이 단명으로 장수하지

못하고 재물도 파하고 부귀도 불발한다.

甲卯水口 : 右수가 左로 흘러 태위 甲卯방으로 나가니,

胎位沖破이다.

초년에 간혹 자손이 있으나, 오래가면 낙태하고,

수태불능으로 절손되며, 종래에는 빈곤패절한다.

巽字水口 : 右수가 長大하여 左로 흘러 장생위 巽字上으로 나가니,

當門破이다.

巳字를 범하지 말 것이며, 백보전란하여야 한다.

대부대귀하고 자손 홍왕에 장수한다.

龍穴이 조금이라도 차질이 있으면 패절하니 함부로

사용하지 말아야 한다.

만일 左수가 장대하여 右측으로 흘러 巽巳방으로 나가면

墓絶水가 生방을 충하게 되므로 大殺로서 패절한다.

此방은 생방이므로 巳字를 범하면 더욱 흉하다.

丁未水口 : 左수가 右로 흘러 관대위 丁未방으로 나가니,

冠帶沖破이다.

총명한 어린아이들이 상하고, 아울러 부녀자도 상하며,

패절한다.

양공의 퇴신수법으로 不立病向이다.

坤申水口 : 左수가 右로 흘러 임관위 坤申방으로 나가니,

臨官沖破이다.

다 큰 아들이 상하고, 관직 진출 불가능하고, 요수하며

패절한다.

庚酉水口 : 左수가 右로 흘러 왕위 庚酉방으로 나가니,

生來破旺이다.

초년에는 자손이 있으나, 오래가면 요수하고 불발한다.

生水가 와서 旺位를 충하므로 자손은 있으나 재물이 없다.

辛戌水口 : 左수가 右로 흘러 쇠위 辛戌방으로 나가니, 衰位沖破이다.

자손이 쇠퇴하여 종래에는 절손되며 패절한다.

양공의 퇴신수법으로 不立臨官向이다.

乾亥水口 : 右수가 左로 흘러 병위 乾亥방으로 나가니, 病位沖破이다.

자손이 많은 병에 허덕이며, 재물의 손도 많아 종래에는

패절한다.

壬子水口 : 右수가 左로 흘러 死위 壬子방으로 나가니 過宮水이다.

情이 너무 지나치며, 일명 姜太公이 나이 八十에 문왕을

만나는 물이다. 초년에는 자손이 장수하나, 나중에는

불발하고 곤궁하며 패절한다.

2. 왕향(旺向) 조견표

	좌	수 구					향	수 구				
火局	임자	계축	간인	갑묘	을진	손사	병오	정미	곤신	경유	신술	건해
水局	병오	정미	곤신	경유	신술	건해	임자	계축	간인	갑묘	을진	손사
木局	경유	신술	건해	임자	계축	간인	갑묘	을진	손사	병오	정미	곤신
金局	갑묘	을진	손사	병오	정미	곤신	경유	신술	건해	임자	계축	간인
절태법	태	양	생	욕	대	관	왕	쇠	병	사	묘	절
길흉 회복론	태위충파	양위충파	왕거충생	목욕소수	관대충파	대황천	당문파	자왕향	과숙수	교여불급	정왕향	과궁수
불입향		불입욕향			불입태향							

예 壬坐丙向 子坐午向 火局旺向

辛戌水口 : 左수가 右로 흘러 辛戌방으로 나가니, 화국의 正旺向이다.

　　　　　　生來會旺하는 三合聯珠無貴價(甲寅生得水 丙午旺向에 辛戌墓水口)에 火局을 이루었으며, 楊公의 進神水法이다.

　　　　　　물이 이렇게 흐르면 자연히 金城水法으로 허리띠를 두른것 같고, 대부대귀 자손이 창성하며 충효하고 남녀 자손 모두 장수하고 모든 자손이 다 발복하고 오래도록 계속된다.

丁未水口 : 左수가 右로 흘러 丁未방으로 나가니, 自旺向이다.

　　　　　　이 방위는 向上五行으로 쇠위이다.

　　　　　　九星歌의 惟有衰位可去來에 합당하며, 발부발귀하고, 자손이 왕성하고 장수한다.

甲字水口 : 右水가 左로 흘러 沐浴位 天干甲字상으로 나가니, 沐浴消水이다.

좌우에 寅字卯字를 범하여서는 아니 되는 것이다.

祿存流盡佩金魚라 하여 부귀쌍전하고, 자손이 흥왕한다.

寅字卯字를 범하면 絶嗣하던가 남녀 음란하니 조심하여 살피고, 함부로 가볍게 사용하지 않아야 한다.

乾亥水口 : 左수가 右로 흘러 乾亥방으로 나가니, 過宮水(墓庫방을 지났다)이다.

이 향은 情이 지나치다고 본다.

중국의 姜太公이 나이 八十에 문왕을 만나는 격이다.

초년에는 자손이 장수하지만, 재물은 없다.

壬子水口 : 右수가 左로 흘러 태위 壬子방으로 나가니, 胎位沖破이다.

낙태하며 사람이 상하고 초년에는 자손과 재물이 있으나, 수태불가로 자손이 자연 끊겨 오래가면 패절한다.

癸丑水口 : 右수가 左로 흘러 양위 癸丑방으로 나가니, 養位沖破이다.

어린아이들을 기르지 못하고 상하여 후사가 끊어지고 재물도 패산된다.

楊公의 退神水法으로 不立沐浴向이 된다.

艮寅水口 : 右수가 左로 흘러 장생위 艮寅방으로 나가니, 旺去沖生이다.

비록 재물은 있으나 자손은 없다.

먼저 장자 장손이 패하고, 그 다음 다른 자손에게 미친다.

乙辰水口 : 右수가 左로 흘러 관대위 乙辰방으로 나가니, 冠帶沖破이다.

어린 유년기에 총명한 자손이 상하고 아울러 부녀자도 상한다.

가내 재산의 손실도 많고, 이는 楊公의 退神水法인 不立胎向이다.

巽巳水口 : 右水가 左로 흘러 임관위 巽巳방으로 나가니, 臨官沖破하는

　　　　 大黃泉이며, 여러 가지 향 중 가장 흉한 향이다.

　　　　 官과 祿위를 한꺼번에 충하여 관직에 진출도 못하고, 재물도

　　　　 없다.

　　　　 장차 장손의 자손 패절이 제일 많고, 먼저 둘째집 자손이

　　　　 당하고 다른 자손에게도 미친다.

丙字水口 : 右水가 左로 흘러 앞면 丙字상으로 나가니,

　　　　 이를 태향태류當門破이다.

　　　　 午字를 범하지 말아야 하며, 오직 百步轉欄(백보를 못가서

　　　　 물 나가는 수구가 보이지 말아야 한다)하여야 한다.

　　　　 대부대귀하고 자손이 흥왕한다.

　　　　 만일 左水가 右로 흘러 丙午방으로 나가면 生來破旺이

　　　　 되어 흉하다.

　　　　 자손은 있으나 재물이 없으며 가난하기가 范丹과 같다.

坤申水口 : 左水가 右로 흘러 병위 坤申방으로 나가니, 寡宿水이다.

　　　　 남자가 단명하여 과부가 여러 명이고, 먼저 삼남 자손이 화를

　　　　 당하고, 다음으로 다른 자손에게 미친다.

庚酉水口 : 左水가 右로 흘러 死位庚酉방으로 나가니, 交如不及(묘고를

　　　　 못 가서 수구가 되었다)이다.

　　　　 顔回(중국 공자의 수제자)가 나이 三十에 夭壽하였다.

　　　　 자손이 있으면 재물이 없고, 재물이 있으면 자손이 없다.

3. 묘향(墓向) 조견표

	좌	수 구					향	수 구				
木국	계축	간인	갑묘	을진	손사	병오	정미	곤신	경유	신술	건해	임자
金국	정미	곤신	경유	신술	건해	임자	계축	간인	갑묘	을진	손사	병오
水국	신술	건해	임자	계축	간인	갑묘	을진	손사	병오	정미	곤신	경유
火국	을진	손사	병오	정미	곤신	경유	신술	건해	임자	계축	간인	갑묘
절태법	대	관	왕	쇠	병	사	묘	절	태	양	생	욕
길흉 화복론	관대충파	임관충파	왕위충파	쇠위충파	정양향	소황천	당문파	정묘향	과궁수	양위충파	묘절충생	쇠향태류
불입향	불입대향									불입쇠향		

예 癸坐丁向 丑坐未向 木局墓向

巽巳水口 : 右수가 左로 흘러 병위 巽巳방으로 나가니, 正養向이다.

貴人祿馬上御街라고 하며 자손과 재물이 흥왕하고 공명 현달하며 발복이 끝이 없다.

충효자손에 남녀장수하고 여러 자손이 고루 발달하며, 三男이 더욱 길하다. 88向 중 가장 길한 향이다.

坤申水口 : 左수가 右로 흘러 절위 坤申방으로 나가니, 正墓向이다.

墓庫出殺 楊公進神水法이며 발부발귀하고 자손이 대왕하고 수복도 함께 발하고 左수가 長大하고 右수가 小水이어야 한다. 만일 右수가 장대하여 먼저 도착하면 묘고를 충하므로 황천이 된다.

壬字水口 : 左수가 右로 흘러 목욕위 壬字천간으로 나가면 쇠향태류 文庫消水이다.

祿存流盡佩金魚라 하여 발부발귀한다.

단, 이 향은 평양혈에서 발복하며, 산지혈에서는 패절한다.

평양지는 坐空朝滿하여야 하고 평양혈 후 一尺이 낮으면 個個 兒孫會讀書라고 하는 좋은 욕향의 목욕소수이다.

庚酉水口 : 左수가 右로 흘러 태위 庚酉방으로 나가니, 過宮水이다.

혹 발부발귀하고, 혹 불발자도 있으며, 혹 장수 혹 단명하기도 하고, 길흉이 상반이다. 오래가면 불리하고, 재산은 패하고 자손은 상한다.

辛戌水口 : 左水가 右로 흘러 양위 辛戌방으로 나가니, 養位沖破이다.

자손과 재물이 모두 발복되지 않고 楊公退神水法으로 不立衰向이다.

乾亥水口 : 左水가 右로 흘러 長生位 乾亥방으로 나가니, 墓絶沖生이다.

자손 재물 모두가 쇠퇴하여 종래에는 패절한다.

癸丑水口 : 右水가 左로 흘러 관대위 癸丑방으로 나가니, 冠帶沖破이다.

어린 유년기에 총명한 자손이 상하고 아울러 부녀자도 상하다.

가내 재물의 손실도 많고, 楊公退神水法으로 不立冠帶向이다.

艮寅水口 : 右수가 左로 흘러 임관위 艮寅방으로 나가니, 臨官沖破이다.

임관위를 충하여 관직의 진출이 어렵고, 관재도 많다.

남녀 요수하고 재물의 손도 많다.

먼저 장자 장손이 패하고, 그 다음 다른 자손에게 미친다.

甲卯水口 : 右수가 左로 흘러 왕위 甲卯방으로 나가니, 旺位冲破이다.

초년에는 자손이 있으나 오래가면 요수 절손한다.

乙辰水口 : 右수가 左로 흘러 쇠위 乙辰방으로 나가니, 衰位冲破이다.

초년에는 자손이 있고 재물이 있으나, 종래에는 쇠퇴하여 패

절한다.

丙午水口 : 右수가 左로 흘러 사위 丙午방으로 나가니 祿位(丁의 祿은 午

이다)冲破의 小黃泉이다.

祿위를 충파하여 관직이 어렵고, 재물이 없어 궁핍하고, 요수

하며, 과부가 많이 나온다.

丁字水口 : 左수가 右로 흘러 墓位 丁字上으로 나가니 當門破이다.

未字를 범하여서는 안 된다.

百步轉欄하여야 하고, 龍眞 穴的하여야 한다.

간혹 발부발귀하나, 작은 오차만 있으면 즉시 망하는 대황천

수법이다. 만일 右수가 左로 흘러 丁字상으로 나가면 절수가

묘고를 충하므로 대황천이 되어 자손이 상하고 패절하니 경솔

하게 함부로 사용 불가하다.

4. 종합조견표(綜合早見表)

	坐	水 口					向	水 口				
	壬子	癸丑	艮寅	甲卯	乙辰	巽巳	丙午	丁未	坤申	庚酉	辛戌	乾亥
	胎	養	生	浴	帶	官	旺	衰	病	死	墓	絶
旺　向	胎位沖破	養位沖破	旺去沖生	沐浴消水	冠帶沖破	大黃泉	當門破	自旺向	寡宿水	交如不及	正旺向	過宮水
		不立浴向			不立胎向		胎向胎流					
	癸丑	艮寅	甲卯	乙辰	巽巳	丙午	丁未	坤申	庚酉	辛戌	乾亥	壬子
	帶	官	旺	衰	病	死	墓	絶	胎	養	生	浴
墓　向	冠帶沖破	臨官沖破	旺位沖破	衰位沖破	正養向	小黃泉	當門破	正墓向	過宮水	養位沖破	墓絶沖生	衰向胎流
	不立帶向									不立衰向		
	乾亥	壬子	癸丑	艮寅	甲卯	乙辰	巽巳	丙午	丁未	坤申	庚酉	辛戌
	病	死	墓	絶	胎	養	生	浴	帶	官	旺	衰
生　向	病位沖破	過宮水	正生向	交如不及	胎位沖破	自生向	當門破	文庫消水	冠帶沖破	臨官沖破	生來破旺	衰位沖破
							絶向絶位		不立病向			不立官向

이 조견표는 八十八向(一百四十四種類)의 길흉화복을 총집결한 표이다.

左水가 右로 흘러 水口가,

　　　辰戌丑未 乙辛丁癸이면 正旺向 自旺向으로 정하고,

　　　甲庚丙壬이면 文庫消水 衰向胎流으로 정하며,

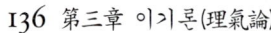

寅申巳亥 乾坤艮巽이면 正墓向으로 정한다.

右水가 좌로 흘러 水口가,

　　　　辰戌丑未 乙辛丁癸이면 正生向 自生向으로 정하고,

　　　　甲庚丙壬이면 沐浴消水으로 정하며,

　　　　寅申巳亥 乾坤艮巽이면 正養向으로 정한다.

위와 같이 길한 향을 선택하여 정할 수 있는 법이 다양하니 종합조견표를 보면 水의 흐름에 의하여 생향, 왕향, 묘향으로 구분되는 것을 알 수 있으며, 반드시 위의 향 중에서 선택하여야 한다.

만일 부득이 위에서 길한 향을 선택할 수 없을 때에는 차선책으로 수구가 천간 甲庚丙壬 乙辛丁癸 乾坤艮巽이면 當門破로 정향할 수 있으나, 이때는 龍眞穴的에 百步轉欄하여야만 쓸 수 있다.

三. 수결(水訣)

水口는 라경 8층으로 정확하게 무슨 자 몇 분으로 나가는지 보아야 한다.

우수가 좌로 흘러 乙辛丁癸방으로 나가면 정생향을 하고, 만일 당국에 형세가 기울거나 룡상팔살을 범하게 되면 자생향을 한다.

좌수가 우로 흘러 乙辛丁癸 방으로 나가면 정왕향을 하고, 만일 당국에 형세가 정왕향을 할 수 없을 때에는 자왕향을 한다.

좌수가 우로 흘러 乾坤艮巽방으로 나가면 정묘향을 하고, 우수가 좌로 흘러 乾坤艮巽방으로 나가면 정양향을 한다.

이 6개 향이 4국(금, 수, 목, 화)으로 곱하면 24개 향이 되고, 이를 쌍산으로 계산하면 48개 향이 된다. 이는 正向으로 대지는 대발하고, 소지는 소발한다. 그러나 룡진혈적하고도 물이 정고로 나가지 못하고 甲庚丙壬으로 나가면 목욕소수법을 사용한다.

　우수가 좌로 흘러 甲庚丙壬으로 나가면

　　　왕향의 목욕소수법을 쓰고,

　좌수가 우로 흘러 甲庚丙壬으로 나가면

　　　생향의 목욕소수법을 쓰며,

　좌수가 우로 흘러 甲庚丙壬으로 나가고 생향을 할 수 없을 때는

　　　묘향의 쇠향태류 목욕소수법을 쓴다.

　우수가 좌로 흘러 당면 乾坤艮巽으로 나가면

　　　생향의 당면파를 쓰고,

　좌수가 우로 흘러 당면 甲庚丙壬으로 나가면

　　　왕향의 당면파를 쓴다.

이상 5개 향을 4국(금·수·목·화)으로 곱하면 20향이 되고, 이를 쌍산으로 계산하면 40향이 되는 것이다. 단, 수구가 절대로 지지자를 범하지 말아야 하며, 백보전란하고 룡진혈적하여야 발복된다. 함부로 사용하지 말 것이다.

正向 48향과 변국 향 40향을 합하면 88향이 되는 것이다.

1. 4국 진신구빈수법(四局 進神救貧水法)

1) 왕거영생

물이 생향 정고로 나간다. 왕거영생의 진신수법이다.

書에 이르기를, 생과 왕이 함께 정고로 나가니 자손과 재물이 함께
길하다.

2) 생래회왕

물이 왕향 정고로 나가니, 생래회왕 진신수법이다.

갑경병임의 당면으로 물이 들어오면

書에 이르기를,

甲庚방에서 물이 들어오면 허리에 金印을 차고,

丙壬방에서 물이 들어오면 몸에 관복을 입는다고 하였으며,

장사 후에는 더욱 횡재로 발복한다.

3) 자생차고소수

차고소수 자생향이다.

양공의 구빈수법에 합당하고, 절처봉생으로 길하다.

4) 좌왕쇠방거수

차고소수 자왕향이다.

양공의 구빈수법에 합당하고

書에 이르기를,

물이 쇠방으로 나가면 진신수법에 합당하다.

본국의 死가 향상으로 왕이 되니, 이는 사(死)향이 아니다.

5) 제왕귀절

묘향으로 물이 절방으로 나간다.

양공의 구빈수법에 합당하고,

書에 이르기를,

제왕수가 면전으로 들어오면 왕기가 발전한다.

6) 귀인록마상어가

이는 정양향으로 물이 절방으로 나간다.

장생수 관대수 임관수 합하여 부귀가 사방에 가득하다.

소신이 중신으로 흘러들고, 중신이 대신으로 흘러드니,

삼절의 녹마귀인이 어가에 오르는 진신구빈수법이다.

7) 록전소수

이는 생향의 문고소수로 록존소수법이다.

양공의 구빈수법이다.

2. 4국 퇴신수법

1) 살인대황천

왕향의 살인 대황천의 물로 최흉이다.

병사묘절수가 향 앞으로 들어와서 향상의 관록방을 충파하고 나간다.

九星歌에 의하면, 이 방의 출수는 성재지자 조규음 가중과 부 상제 곡 재곡공허 철곤빈 상인패재 관사 구설 질병 낙태 흉사 등등 발생

子午卯酉는 次子이니 차자 먼저 화를 당하고,

다음 장자 삼남 연이어 패절한다.

룡상팔살을 범하게 되면 재화가 더욱 강하며, 학자가 이러한 묘를
지나 볼 때 룡혈이 옳지 못하거든 급히 택지하여 개장이 마땅하다.

2) 도충묘고

묘향의 당면파이다. 절수가 당도하여 묘고를 충하는 살인대황천이다.

서에 절태수가 이르면 아이를 생산할 수 없을 것이다.

아이를 잉태하면 휴수가 되어 후사가 끊어지고,

상인 패재하는 대흉이다. 그 화가 최속하다.

혹시 룡혈이 있다면 건곤간손으로 자생향으로 용하라.

왕거 영생의 부귀가 도달한다.

3) 충록소황천

묘향의 소황천이다.

丁록은 午, 辛록은 酉, 癸록은 子, 乙록은 卯이다.

록은 재물이다. 충하면 궁하여진다.

자손이 상하고 절손한다.

丁향은 壽星으로 수는 하나 가난하고 자손이 없다.

진술축미 방에 칼산 암석이 있으면 인물이 흉악 강폭하다.

면전에 기울어진 물 옆으로 난 큰 길이 있으면 도적·과부가 출하고,

수명이 짧고 불길하다.

4) 생래파왕

왕향의 당면파로 생수가 와서 왕향을 파한다.

서에 이르기를 아들이 있으나 어떻게 하리요.

장사를 지내면 자손과 재물이 패절한다.

5) 왕거충생

왕향의 왕수가 좌로 흘러 생방을 충하는 흉수이다.

주로 어린아이를 키우기 어려우며, 十의 九는 후사가 끊어진다.

6) 교여불급

왕향의 과숙수 수구가 정고를 못 간 것이다.

안회 三十 전 사망이다. 병사, 고로 수명이 짧다. 고로 과부가 한 집 안에 3명이다. 먼저 화를 당하는 곳은 셋째이고, 다음 둘째, 그 다음 장방의 후사가 끊어진다.

7) 생향 충관대

생향의 생방수가 관대 방을 충하는 것이다.

주로 총명 영리한 남자 아이가 상하고, 요조숙녀도 불리하다.

오래되면 패절하니 한 집안에 발복자가 없다.

8) 생향 충임관

생향의 임관 방을 충하는 것이다. 주로 다 큰 자식이 상할 것이며, 오래되면 패절한다.

9) 왕향 충관대

왕향에서 관대 방을 충하는 것이다. 반드시 총명한 아이가 상할 것 이며, 후사가 끊어지고, 재물이 패하여 불길하다.

지켜야 할 사항

① 혈에서 가장 가까운 수구를 취하여야 한다.

② 양공의 외반봉침을 사용한다.

③ 물이 천간으로 나가야 한다. 만일 지지자로 나가면 부귀가 반 감된다.

四. 사결(砂訣)

1. 三吉六秀

삼길봉은 亥震庚방의 귀사로 조종산 멀리 있는 산이 더욱 좋고, 삼방이 모두 震宮으로 廉貞에 속하며, 주로 發貴丁旺壽高한다.

六秀봉은 艮丙 巽辛 兌丁방의 길격귀사로 近衛當面이 더욱 좋다.

艮丙은 탐랑, 巽辛은 거문, 兌丁은 무곡에 속하며, 주로 官人得權 士人 功名 子孫得財 壽福이다.

2. 貴人砂

귀인방에 귀사(문필봉 일자문성사 등)가 卓立 照穴하면 주로 대과 급제에 득위 승직한다.

艮坐酉亥	寅坐酉亥丑未	甲坐丑未	卯坐子申	乙坐子申	辰坐子申卯巳
巽坐寅午	巳坐寅午酉亥	丙坐酉亥	午坐酉亥	丁坐酉亥	未坐子申酉亥
坤坐子申卯巳	申坐卯巳寅午	庚坐寅午	酉坐寅午	辛坐寅午	戌坐寅午酉亥
乾坐丑未酉亥	亥坐丑未卯巳	壬坐卯巳	子坐卯巳	癸坐卯巳	丑坐卯巳寅午

3. 催官貴人 陰貴人은 艮巽兌震方 陽貴人은 丙丁辛庚方이다.

三吉六秀에 해당하는 방위이다.

迎貴 방법은 穴地坐向에 관계 없으며, 최관귀인방에 수려한 산이 있으면 主로 속발부귀의 승직이 속한다.

4. 祿位砂

록 방위의 수려한 산으로, 주로 부자되고 왕성한다.

1) 正祿 壬祿亥 癸祿子 甲祿寅 乙祿卯 丙祿巳 丁祿午 庚祿申 辛祿酉

2) 借祿 壬祿乾 甲祿艮 丙祿巽 庚祿坤

향을 위주로 보며 壬좌丙향시 정록은 巳, 차록은 巽으로, 巽巳 양방이

정록과 차록이 된다.

이 법은 주로 천간향에만 해당된다.

5. 驛馬砂

山形이 말 모양을 하고, 역마 방위에서 혈장을 보면 이를 최관마이다.

주로 속발부귀한다.

1) 四局馬 申子辰馬居寅 亥卯未馬居巳 寅午戌馬居申 巳酉丑馬居亥

2) 借 馬 壬借馬乾 甲借馬艮 丙借馬巽 庚借馬坤

좌를 위주하며 子좌午향이면 寅방이 馬이다.

▼ 종합 조견표

	壬	子	癸	丑	艮	寅	甲	卯	乙	辰	巽	巳	丙	午	丁	未	坤	申	庚	酉	辛	戌	乾	亥
三吉六秀					艮			卯			巽		丙		丁				庚	酉	辛			亥
催官貴人					艮			卯			巽		丙		丁				庚	酉	辛			
正祿 向	亥		子				寅		卯				巳		午				申		酉			
借祿 向	乾					艮							巽					坤						
四局坐馬		寅		亥		申		巳		寅		亥		申		巳		寅		亥		申		巳
借馬 坐	乾					艮						巽					坤							
貴人砂向	卯巳	卯巳	卯巳	卯巳寅午	酉亥	酉亥丑未	丑未	子申	子申	子申卯巳	寅午	寅午酉亥	酉亥	酉亥	酉亥	酉亥子申	子申卯巳	寅午卯巳	寅午	寅午	寅午	丑未	丑未酉亥	丑未卯巳

6. 목성귀인

생함이 마땅하고 극함을 불의한다.

목성이 震巽방이나 坎궁에 있으면 득지 득위하는 것이다.

향상으로 임관귀인 룡상귀인에 합하고 좌산귀인 일마 귀인에 삼길 육수에 입향 합법하면 부귀영창한다.

귀인이 극을 받거나 설기하면 불발한다.

乙목이 입수 결혈하여 乙좌 辛향을 하고 수구가 坤방이면 정양향으로 子방이 목성귀인이 되고(乙의 귀인은 子申), 룡상귀인 좌산귀인과 합이 되면 발복하고 장원하다. 귀인이 수목상생이다.

7. 화성귀인

생함이 마땅하고 극을 받거나 설기하면 흉이다.

화성귀인이 離방이나 震巽궁에 있으면 득지 득위이다.

향상의 임관귀인과 룡상귀인, 좌산귀인과 합하고, 일마귀인과 삼길 육수에 합법하면 대발 부귀한다.

火성이 巽巳에 있으면 득위이니 壬좌 丙향을 하고 수구가 丁방이면 자왕향이 되고, 巽은 丙향에 임관귀인이 되고, 丙의 록은 巽巳이니 차록마귀인이 된다. 巽은 文봉이니 귀인이 붓을 잡은 것이요, 巽은 태을귀인으로 육수의 으뜸이고, 辛방에 천을을 얻으면 장원하여 정승에 오르는 극품의 귀인이다.

8. 토성귀인

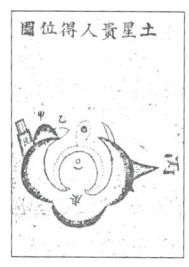

坤艮이 마땅하고 離궁도 득위 득지이다.

소용이 안 되면 없는 것과 같다.

향상귀인, 좌산귀인, 룡상귀인, 삼길육수, 일마귀인에 합하고 향도 합법이면 대발 부귀한다.

庚룡 입수에 庚좌 甲향을 하고 수구가 乙방이면 자왕향이 된다.

艮방은 향상으로 관록방이요 일마귀인이다. 향상의 임관귀인, 룡상귀인, 좌산귀인과 艮은 천시원이니 복록 권세 장악한다.

丙봉이 함께 빛나면 대발 부귀한다.

9. 금성귀인

乾兌방에 있거나 坤艮궁이면 득위득지이다.

내가 쓸 수 없으면 있어도 소용없다.

향상귀인, 룡상귀인, 삼길육수, 옥당귀인에 합하고, 향이 합법하면 대발 부귀한다.

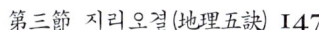

丁룡이 입수 결혈하고 수구가 辛방이면 巽좌 乾향을 하면 자생향이 된다.

금성이 乾亥방이면 룡상귀인, 옥당귀인, 삼길육수와도 합이 된다.

坤방의 마산은 寅午戌馬居申이라 발부발귀가 최속하리라.

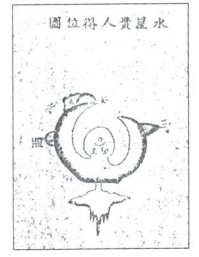

10. 수성귀인

坎궁이나 乾兌궁에 있으면 득지 득위이다.

소용이 없으면 무용지물이다.

향상의 임관귀인, 룡상귀인, 좌산귀인, 일마귀인, 삼길육수, 옥당귀인과 함께 합법하면 대발한다.

삼태 수성이 乾亥방에 있으면 득위하는 것이다.

룡으로 입수 결혈되고 수구가 癸방위이면 丙좌 壬향을 하면 자왕향이 된다.

삼길 최관귀인과 향상 임관귀인의 록산귀인과 합한다.

수구가 癸방이면 巳 酉 丑 馬 在 亥라 일마귀인이 된다.

卯방에 목성이 있으면 향상귀인봉이 된다.

五. 혈결(穴訣)

三년 심룡에 十년 점혈, 이렇게 혈을 정하는 법은 어려운 것이다. 천리래룡의 일석지지로써 혈장이 크면 수십 장이요, 작으면 二, 三장이다. 그 중 혈은 八척에 불과하다. 래룡을 따라 혈을 찾을 때 산머리의 결혈처는 주위에 호위하는 산이 많은 곳이요, 산허리로 내려가면 절절히 결은속기처를 보고 청룡 백호로 지각을 벌려는가를 본다.

룡호 가운데 라경을 정반하고 정혈시에 외반봉침으로 양수교회처를 보아 수구가 묘절태 어느 방인가 보아 먼저 국을 정하고, 다음으로 입수룡을 내반정침으로 보아 룡의 생왕사절을 구분한다. 그리고 사방의 사격이 삼길 육수 관록방에 합법한가를 본다.

명당이 너무 넓으면 기의 누설이 염려되며, 광중의 깊이는 높은 산에서는 깊게, 들판에서는 얕게 하되, 겉의 부토를 걷어내면 반드시 토색이 변할 것이니 홍황자윤의 오색이면 생기를 얻은 것이다.

조산, 안산만을 탐하여 룡의 생왕사절과 사격, 물의 충사를 보지 못하고, 자기가 총명 영리하다고 하여 망령되이 십(十)도장법을 써서 인명을 해하는 일이 없어야 할 것이다.

팔괘혈(八卦穴)

① 노양혈(老陽穴) : 乾亥좌 巽巳향은 우수가 좌로 흘러 乙辰방으로 나가니 자생향이며, 안산에 아미사(蛾眉砂)가 있으면 노양혈로서 유돌(乳突)형이 없다.

건좌로서 득위한 것이다.

우진신수(右進神水)는 생향으로, 우편수는 관대 임관 제왕수가 되고, 좌살수(左殺水)는 절태 묘수가 된다.

우수가 전면 명당에 모여 乙辰방으로 나가니 높은 벼슬에 정승판사가 된다.

② 노음혈(老陰穴) : 坤申좌 艮寅향은 우측의 물이 흘러 癸丑방으로

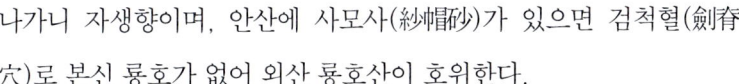

나가니 자생향이며, 안산에 사모사(紗帽砂)가 있으면 검척혈(劍脊穴)로 본신 룡호가 없어 외산 룡호산이 호위한다.

좌로 노음 득위한 것이다.

우측 진신수가 상당하여 좌살수 癸丑방으로 나가니 부귀왕정하며 오래도록 계속된다.

③ **태양혈(太陽穴)** : 갑묘(甲卯)좌 庚酉향은 좌수가 우로 흘러 辛戌방으로 나가니 자왕향이다.

안산에 복(蝠)형 사격이 있으면 뒷면이 가파르고 본신 룡호가 있고, 중간에 유돌형은 없다.

震좌로 득위한 것이다.

왕향으로 좌의 생수 관대수, 임관수가 과당하여 우측의 살수 辛戌방으로 나가니 부귀 쌍전하고, 권세가 만방에 떨친다.

④ **태음혈(太陰穴)** : 巽巳좌 乾亥향은 우수가 좌로 흘러 辛戌방으로 나가니 자생향이고, 안산에 천마사에 있으며, 태음혈은 목이며, 巽下絶로 결혈에 유두가 짧다.

생향으로 우측 진신수가 과당하여 좌 살수 辛戌방으로 나가니 자손 부귀 다복한다.

⑤ **중음혈(中陰穴)** : 丙午좌 壬子향으로 좌수가 도우 癸丑방으로 나가니 자왕향이며, 안산은 운수(雲水)이다.

중음혈은 중녀로서 火자형이고 운수가 혈장을 제압하는 형세이다.

왕향으로 좌 진신수가 상당하여 우 살수 癸丑방으로 나가니, 문신 재상이 난다. 그러나 한 가지 착오만 있어도 번개처럼 속패절한다.

⑥ **중양혈(中陽穴)** : 壬子좌 丙午향은 좌수 도우 丁未방으로 나가니

자왕향이며, 안산은 문필봉이 있으며, 중양혈은 중 양효가 길으므로 壬자형이다.

왕향으로 좌 진신수가 상당하여 우 살수 丁未방으로 나가니 대귀 대현한다.

⑦ **소음혈(小陰穴)** : 庚酉좌 甲卯향은 좌수가 도우 乙辰방으로 나가니 자왕향이며, 안산에 옥척(玉尺)이 있으며, 소음혈은 금이며 와중 돌이다.

괘효에 태상결로 도두점이 요함으로 귀산과 낙산이 있어야 한다.

왕향으로 좌 진신수가 상당하여 우 살수 乙辰방으로 나가니, 왕정 왕재에 급제자가 집안에 가득하다.

⑧ **소양혈(小陽穴)** : 艮寅좌 坤申향은 우수가 도좌 丁未방으로 나가니 자생향이며, 안산은 삼태(三台)이다.

소양혈은 토이며 토성각에 작은 와를 이루고, 노음이 개구 소양을 이룬다.

생향으로 우 진신수가 과당하여 좌 살수를 제압하고 丁未방으로 나가니 인정이 왕하고, 부귀가 쌍전한다.

第四節 구성법(九星法, 淨陰淨陽法)

　　장사를 지냄에 길혈을 얻으면 위로는 천광이 하림하여 총택(塚宅)에 비치게 될 것이다. 천광이란 日月星辰이다. 밑의 땅에서는 지덕이 상승하여 棺槨에 실린다. 지덕이란 山川의 氣脈이다.

　　陳希夷先師는 천광은 貪狼 巨門 祿存 文曲 廉貞 武曲 破軍 左輔 右弼로 이를 천상구성이라 하였고, 지덕은 艮 巽乾離震 兌坎 坤의 八山을 지상구성이라 하였다.

　　탐랑은 艮산을 주로 비치고 거문은 巽산을 주로 비친다고 하여 이를 후학자들은 地母卦(坤卦를 기준하여)라 하여,

탐랑은 艮山을	거문은 巽山을	록존은 乾山을	문곡은 離山을
염정은 震山을	무곡은 兌山을	파군은 坎山을	보필은 坤山으로

비치며, 탐랑·거문·무곡·三星은 길하고, 탐랑의 艮丙, 거문의 巽辛, 무곡의 兌丁이라 하여 이를 六秀라 하며, 이 방위에 수려한 산을 길한 것으로 본다.

　　선사들께서는 이 구성법을 淨陰淨陽法이라 하여 龍法, 穴法, 砂法, 水法 등을 보는 데 많이 취용하였으며, 현재도 많이 쓰고 있다.

一. 24방위를 정음 정양으로 나눈다.

淨陰 : 艮丙 巽辛 震(卯)庚亥未 兌(酉)丁巳丑

淨陽 : 乾甲 坤乙 坎(子)癸申辰 離(午)壬寅戌

▼ 八卦九星法 八卦九星衲甲配龍吉凶表(貪巨武輔吉, 破祿文廉凶)

輔弼	乾甲	坤乙	離壬寅戌	坎癸申辰	震庚亥未	兌丁巳丑	巽辛	艮丙
貪狼	兌丁巳丑	艮丙	震庚亥未	巽辛	離壬寅戌	乾甲	坎癸申辰	坤乙
巨文	震庚亥未	巽辛	兌丁巳丑	艮丙	乾甲	離壬寅戌	坤乙	坎癸申辰
祿存	坤乙	乾甲	坎癸申辰	離壬寅戌	巽辛	艮丙	震庚亥未	兌丁巳丑
文曲	坎癸申辰	離壬寅戌	坤乙	乾甲	艮丙	巽辛	兌丁巳丑	震庚亥未
廉貞	巽辛	震庚亥未	艮丙	兌丁巳丑	坤乙	坎癸申辰	乾甲	離壬寅戌
武曲	艮丙	兌丁巳丑	巽辛	震庚亥未	坎癸申辰	坤乙	離壬寅戌	乾甲
破軍	離壬寅戌	坎癸申辰	乾甲	坤乙	兌丁巳丑	震庚亥未	艮丙	巽辛

이 법은 주로 사격 방위 보는 데 응용한다.

二. 생기복덕 작괘비결(生氣福德作卦秘訣)

生氣法 順序	卦 名	呼 稱	日辰 方位	굴 신 순 서	왼손의 무지(엄지 손가락), 상지(둘째 손가락 끝), 중지(가운데 손가락 끝), 하지(넷째 손가락 끝)를 사용한다.
一 上	生氣	艮上連	丑寅		무지와 상지를 붙이고, 중지와 하지를 뗀다.
二 中	天醫	巽下絶	辰巳		무지와 상지, 중지를 붙이고, 하지를 뗀다.
三 下	絶體	乾三連	戌亥		무지와 상지, 중지, 하지 모두를 붙인다.
四 中	遊魂	離虛中	午		무지와 상지, 하지를 붙이고, 중지를 뗀다.
五 上	禍害	震下連	卯		무지와 상지, 중지를 떼고, 하지를 붙인다.
六 中	福德	兌上絶	酉		무지와 상지를 떼고, 중지와 하지를 붙인다.
七 下	絶命	坎中連	子		무지와 상지, 하지를 떼고, 중지를 붙인다.
八 中	歸魂	坤三絶	未申		무지와 상지, 중지, 하지 모두를 뗀다.

三. 룡법(龍法, 八首龍의 길흉을 보는 법)

屈伸 順序(괘상에 붙어 있는 손가락은 떼고, 떨어져 있는 손가락은 붙인다.)

　一上文曲　二中祿存　三下巨門　四中貪狼
　五上廉貞　六中破軍　七下武曲　八中伏吟

예 艮卦이면 艮上連(무지와 상지는 붙이고, 중지와 하지는 뗀다.)

一上문곡 하면서 상지를 뗀다.	坤乙방룡이 문곡룡이 되고,
二中록존 하면서 중지를 붙인다.	坎癸申辰 방룡이 록존룡이 되고,
三下거문 하면서 하지를 붙인다.	兌丁巳丑방룡이 거문룡이 되고,
四中탐랑 하면서 중지를 뗀다.	震庚亥未방룡이 탐랑룡이 되고,
五上염정 하면서 상지를 붙인다.	離壬寅戌방룡이 염정룡이 되고,
六中파군 하면서 중지를 붙인다.	乾甲방룡이 파군룡이 되고,
七下무곡 하면서 하지를 뗀다.	巽辛방룡이 무곡룡이 되고,
八中보필 하면서 중지를 뗀다.	艮丙방룡이 복음룡이 된다.

탐랑, 거문, 무곡, 복음룡은 길하고,

문곡, 록존, 염정, 파군룡은 흉하다.

▼ 龍上九星法 穴坐爲主看入首, 來龍(巨貪武伏吉, 文祿廉破凶)

九星＼入首來龍 ＼坐	乾甲	坎申癸辰	坤乙	離寅壬戌	艮丙	震亥庚未	巽辛	兌巳丁丑
文曲	兌巳丁丑	巽辛	艮丙	震亥庚未	坤乙	離寅壬戌	坎申癸辰	乾甲
祿存	震亥庚未	艮丙	巽辛	兌巳丁丑	坎申癸辰	乾甲	坤乙	離寅壬戌
巨文	坤乙	離寅壬戌	乾甲	坎申癸辰	兌巳丁丑	巽辛	震亥庚未	艮丙
貪狼	坎申癸辰	乾甲	離寅壬戌	坤乙	震亥庚未	艮丙	兌巳丁丑	巽辛
廉貞	巽辛	兌巳丁丑	震亥庚未	艮丙	離寅壬戌	坤乙	乾甲	坎申癸辰
破軍	艮丙	震亥庚未	兌巳丁丑	巽辛	乾甲	坎申癸辰	離寅壬戌	坤乙
武曲	離寅壬戌	坤乙	坎申癸辰	乾甲	巽辛	兌巳丁丑	艮丙	震亥庚未
伏吟	乾甲	坎申癸辰	坤乙	離寅壬戌	艮丙	震亥庚未	巽辛	兌巳丁丑

四. 수법(水法)

일명 輔星水法이며, 得水水口를 기준하여 向을 定한다.

양득수 음수구는 양향을, 음득수 양수구는 음향을 하는 것이 원칙이다.

굴신 순서(中指先動法이다.)

二中武曲　三下破軍　四中廉貞　五上貪狼

六中巨門　七下祿存　八中文曲　一上輔弼

▼조 견 표

向 득수 파구	乾	坤	坎	離	艮	巽	震	兌
二中 武曲	離	坎	坤	乾	巽	艮	兌	震
三下 破軍	艮	兌	震	巽	乾	離	坎	坤
四中 廉貞	巽	震	兌	艮	離	乾	坤	坎
五上 貪狼	坎	離	乾	坤	震	兌	艮	巽
六中 巨門	坤	乾	離	坎	兌	震	巽	艮
七下 祿存	震	巽	艮	兌	坎	坤	乾	離
八中 文曲	兌	艮	巽	震	坤	坎	離	乾
一上 輔弼	乾	坤	坎	離	艮	巽	震	兌

五. 화복론(禍福論) (羅經透解)

輔弼水 水來(得水)는 最高强이니 房房富貴하고 福壽長이라
　　　　水去(水口)는 退田莊이니 男夭女亡에　　爲孤孀이라

武曲水 水來　　는 發衆房이니 世代位官하고 近帝王이라
　　　　水去　　는 血光死이니 男女離鄕에　　走外邦이라

貪狼水 水來　　는 入穴場이면 入丁千口에　　發衆房이라
　　　　水去　　는 好貪花이니 賣盡田地하고 絶予家이라

巨門水 水來　　는 朝曲壙이니 兒孫世代로　　主榮昌이라
　　　　水去　　는 主離鄕이니 賣予田地하고 走外邦이라

破軍水 水來 　　는 是凶神이니 先殺長子하고 後殺孫이라
　　　 水去 　　는 大吉昌이니 爲官英雄에 　近帝王이라

廉貞水 水來 　　는 最難堂이니 連年瘟瘟에 　起禍殃이라
　　　 水去 　　는 最爲良이니 富貴榮華가 　定一房이라

祿存水 水來 　　는 敗長房이니 長房人口가 　定遭殃이라
　　　 水去 　　는 大吉昌이니 富貴榮華가 　歸長房이라

文曲水 水來 　　는 起高峰이면 出人少亡하고 主貧窮이라
　　　 水去 　　는 生雙子하고 田地家財가 　次第隆이라

위의 화복론을 보면, 보필, 거문, 탐랑, 무곡수는 득수가 길하고, 수구는 흉하며, 염정, 록존, 문곡, 파군수는 득수는 흉하고, 수구가 길한 것을 알 수 있다.

六. 종합조견표(綜合早見表)

貪狼	兌巽		艮震		坤離		乾坎	
巨門	兌艮		巽震		坤乾		離坎	
武曲	兌震		巽艮		坤坎		離乾	
輔弼	兌兌	震震	巽巽	艮艮	坤坤	坎坎	離離	乾乾
祿存	兌離		坎艮		坤巽		震乾	
文曲	兌乾		坤艮		坎巽		震離	
廉貞	兌坎		離艮		坤震		巽乾	
破軍	兌坤		乾艮		坎震		巽離	

위에서 龍法, 水法 모두가 종합조견표와 같이 탐랑, 거문, 무곡, 보필은

정음은 정음으로 정양은 정양으로 짝지어 길하다. 록존, 문곡, 염정, 파군은 정음은 정양으로 정양은 정음으로 짝지어 흉함을 알 수 있다.

현재까지 배워온 龍法, 水法이 모두 위의 종합조견표와 같으며, 굴신 순서에 상지선동, 중지선동 복잡하게 설명하고 있으나, 끝에 가서는 위의 종합조견표와 같다는 것을 알 수 있다.

龍法 입수룡의 길흉을 알려면 水口 방위괘와 입수룡 방위괘를 알고, 위의 조견표에 짝지어 있는 곳을 찾으면 좌측에 구성이 나온다.

이 구성법은 중국에서 많이 사용하고 있는 것이다.

중국의 라경론을 보면 五層의 구성천성원국을 24좌에 의하여 설명하였고, 14층의 천성작향이라고 하여 최관편 혈법을 설명하였으니, 이가 정음정양법이다. 양산은 양향 수류양 부귀백년창이요, 음산은 음향 수류음 가부두량금이라고 하였으며, 이 법을 이요유수기 불지충뇌 박잡지용(耳腰瞅受氣 不至沖腦 駁雜之用)이라고 하였다.

우리나라에서도 근래에 와서 이 법을 쓰는 학자가 많아진 것으로 알고 있으며, 시중에 나온 라경에 정음정양이 완전하게 표시되어 있으므로 이를 사용하면 용법에 어려움이 없을 것이다(라경 번호 30135번 신형).

중국원서에 라경 五層에 있는 천성구성의 용법과 라경 14층의 혈법이 있어서 이를 다음과 같이 등재하니 많은 연구 바란다.

七. 천성구성의 룡법(중국 라경 5층)

亥룡 천황(天皇) 극부귀(極富貴)

壬룡 천보(天輔) 복력소(福力小)

子룡 양광(陽光) 운조단(運祚短)

丑룡 금우(金牛) 음사(淫邪)

艮룡 양주(陽樞) 최부귀(最富貴)

寅룡 천부(天棓) 소발대쇠(小發大衰)

甲룡 음기(陰機) 소발다고질(小發多痼疾)

卯룡 양형(陽衡) 위권괴위(威權魁偉)

乙룡 천강(天官) 소인정(小人丁)

辰룡 천강(天罡) 다흉흔(多凶恨)

巽룡 양선(陽璇) 영귀청요(榮貴清曜)

巳룡 청사(青蛇) 부탕(浮蕩)

丙룡 음추(陰樞) 영현자부(榮顯資富)

午룡 양권(陽權) 이발이패(易發易敗)

丁룡 남극(南極) 영수풍재(榮壽豊財)

未룡 천상(天常) 청현(清顯)

坤룡 천침(天鍼) 고과(孤寡)

申룡 천관(天關) 무전미(無全美)

庚룡 천연(天演) 위권고작(威權高爵)

酉룡 금계(金鷄) 재약귀수(財略貴壽)

辛룡 음선(陰璇) 문장귀수(文章貴壽)

戌룡 천괴(天魁) 요역(夭疫)

乾룡 양기(陽機) 잔려(殘戾)

八. 최관혈법(중국 라경 14층)

룡	향	향
壬룡	三향	午, 坤, 乙
子룡	二향	午, 坤
癸룡	二향	午, 坤
丑룡	二향	丁, 丙
艮룡	八향	丁, 巳, 庚, 丙, 辛, 酉, 巽, 未
寅룡	三향	坤, 申, 午
甲룡	二향	乾, 坤
卯룡	三향	庚, 辛, 酉
乙룡	二향	乾, 坤
辰룡	二향	甲, 癸
巽룡	四향	辛, 亥, 艮, 庚
巳룡	一향	亥
丙룡	三향	辛, 亥, 艮
午룡	五향	壬, 癸, 寅, 乾, 子
丁룡	二향	艮, 亥
未룡	一향	艮
坤룡	四향	癸, 壬, 子, 乙
申룡		
庚룡	二향	卯, 艮
酉룡	四향	艮, 卯, 巽, 丁
辛룡	三향	巽, 卯, 艮
戌룡	二향	乙, 甲
乾룡	四향	乙, 甲, 辰, 午
亥룡	四향	丙, 巽, 丁, 卯

九. 사법(砂法)

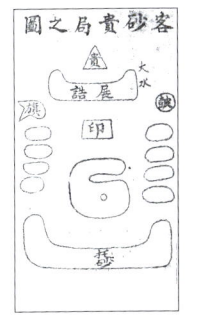

1. 객사귀국지형

평평한 호수 넓고 넓은 그 중의 혈이 응결되었으며, 평평한 밭 수십 이랑으로 넓다.

뒤로 큰 산이 안고 있어 의지하고, 면전에 수면에 뜬 도장(印)산 귀인이 자리를 펴고 있는 형이다.

대장기와 북이 혈처에 서 보이고, 좌우에서 귀인을 모시는 호위산이 있는 곳이다.

발귀(發貴) 심히 크며, 또한 오래 계속된다.

객사가 모두 한곳으로 모였으니, 이는 천조지설(天造地設)로 후복지지이다.

마땅히 안산이 응하고 좌우에 호위 산이 있어야 한다.

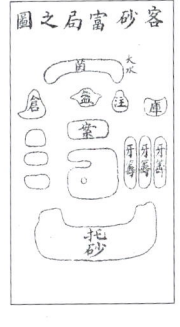

2. 객사부국지형

뒤로 의지할 산이 있고, 면전에는 책상 안 술잔과 술병 깔개자리와 좌우로 창고, 곡식은 되는 말, 또는 대장기는 호위하는 자이다.

이 땅 역시 모든 산이 응하여 주니, 이곳에 좌향을 정하면, 주로 부로써 백만이고, 귀는 또한 오래도록 지속된다.

오복 장수에, 집안은 강녕하고 자손은 어질고, 아름다운 일만 계속된다.

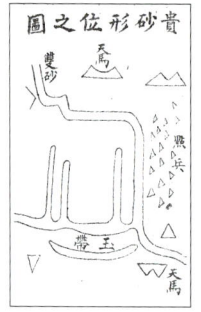

3. 귀사형위 一

사격은 방위의 길흉을 취용하고, 형상의 미악(美惡)도 중요하다.

巽방에 쌍사 형제 등과, 乾방離방에 천마는 관직이 높고 자손 준수, 坤방에 필봉 문장관직, 庚방에 점병 장수로써 임무, 辛방에 사한원에 명신, 壬癸방에 옥대 관록(官祿) 등으로 본다.

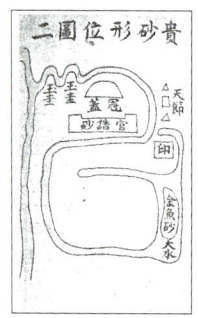

4. 귀사형위 二

안전의 관개는 귀와 청(淸)이다.

우측방에 금어사 영화와 통달, 坤방에 천절 왕을 가깝게 모시는 관직 안전에 관고사 관의 승직, 庚방에 인사 허리에 금으로 된 금띠를 차는 관직, 巽방에 흘사 신하가 왕에게 홀규를 손에 잡고 고하고 있는 형이다. 이는 龍水합법으로 부귀하는 사격이다.

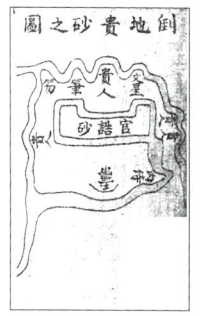

5. 도지귀사지형

높은 곳에 올라 보면 한눈에 길흉이 보인다. 물의 굴곡으로 땅의 형세도 이에 따르고 쫓았다. 이는 산이 넘어져 있는 것으로 보아, 그 형상은 일반 사격과 같이 길흉이 같다.

땅을 보는 것은 물의 만곡처, 나아가 그 생김을 자세히 보면 이곳이 룡맥 응결한 것이 보일 것이다. 이곳을 혈장으로 하고 안으로 가지런한 사격 한곳으로 향을 하는 것이다.

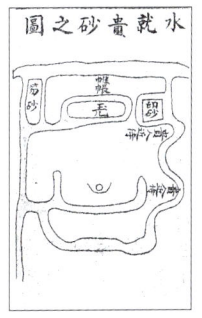

6. 수취귀사지형

수세, 곡절, 교결(交結), 주류(周流) 등에 의하여 지형이 대소, 직횡을 이룬다.

자세히 보면 융결처를 반드시 얻는다.

이곳도 산이 넘어진 것으로 보아 가볍게 생각하나, 이곳은 길지로써 지리에 능한 자는 알아볼 것이다.

홀사, 옥궤, 인사, 귀인사 등을 자세히 볼 것이다.

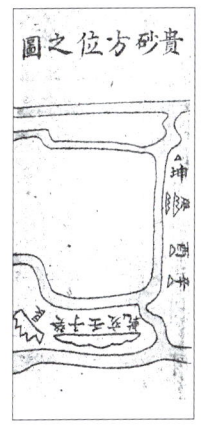

7. 귀사방위, 귀사취용

평야 관요(官曜) 기봉(奇峰)이 없고, 다만 언덕이 원정 단방(端方)하고 길한 방위에 있으면 취하고, 만일 기울어 흐르거나 흉한 방위이면 흉으로 버린다.

길한 방위에 형이 창고, 병장, 옥패, 금인, 복종, 복부, 반월, 아미, 옥척, 횡금, 관고, 천마 등 각각 본방에 있어야 하고, 다음으로 향으로 정한다.

혹 이기론으로 財官父子 혹 金水日月 혹 三奇四神

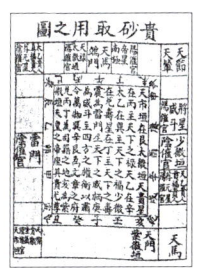

八將 모두 길지의 상서로운 것으로 발복하는 길산이다. 단, 一위를 얻으면 一위에 힘을 얻는 것이요, 록마귀인 최관 생기 등은 발복을 도와 주는 산인 것이다. 자세히 음미하고 취용할 것이다.

8. 사형방위불길一, 흉사二

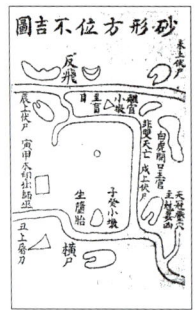

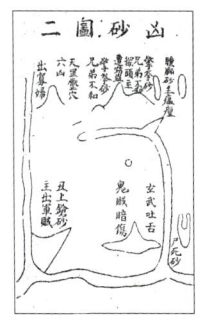

길사길위, 흉사흉위는 길한 것은 취하고, 흉한 것은 피할 것이다. 그 형상이 아름답고 원정 공읍하여 돌아보면 길한 것이요, 파쇄 사경 첨사 두경 양투 파미 반주 사비 조악 압혈 등은 흉이다.

방위는 좌측은 큰집, 앞 가운데는 둘째집 우측은 셋째 집 子午卯酉방에 보이는 것은 子午卯酉년월에 子午卯酉 생인에게 그 화복이 응한다. 나머지도 같다.

복시(伏屍) 주로 전염병으로 사망

도도(屠刀) 주로 도적에 의하여 상처를 당하고

소돈사측(小墩斜側) 소경 장님 유산

원택명정(圓澤明淨) 룡의 구슬, 봉황의 알로 길하다.

해마다 오는 세살(歲殺)은 그 방위에 의하여 응하는 것이며, 만일 작혈 시 보이거든 이를 피하든지 혹 보이지 않게 가리던지 그 기운을 억제하는 것이 가하다.

第五節 호순신(胡舜申)의
지리신법(地理新法)

이 지리신법(호순신 원저, 김두규 역해)에 의하면, 우리나라 조선시대 1466년(세조12년) 경국대전에 수록된 지리학 시험 과목으로 청오경, 금낭경, 명산론과 함께 호순신 지리신법이 들어 있었다고 한다. 조선시대에는 왕실에서 장지나 궁궐터를 정할 때 이 법을 사용하였으며, 일반 백성들도 이 법을 숭상하였을 것이다.

그러나 중간에 일제 36년간의 식민시대에는 이 풍수지리를 숭상 못하게 하였으며, 그 맥이 끊어진 것이 안타깝다.

마침 내가 가지고 있는 중국원서의 종묘대오행(일명 홍범오행)수법단(宗廟大五行水法斷)에 의하면, 지리자는 사격 방수(放水) 변방(辨方) 변운(變運)에 이를 적용하라 하였으며, 이 수법은 유백온(劉伯溫)의 저서로서 소납정론(消納正論)이라 하였다. 이 24좌를 오행으로 분류 설명하니 많은 연구 바란다.

一. 종묘대오행

金 = 丁酉乾亥   水 = 子寅甲辰巽申辛戌

土 = 未坤庚癸丑   木 = 艮卯巳   火 = 乙丙午壬

二. 구성과 절태법

탐랑 = 양, 장생　　문곡 = 목욕, 관대　　무곡 = 임관, 제왕

거문 = 쇠　　염정 = 병, 사　　파군 = 묘　　녹론 = 절, 태

탐랑수(양, 장생), 무곡수(임관, 제왕), 거문수(쇠), 문곡수(관대)가 도국하면 길하고, 파군수(묘), 염정수(병, 사), 록존수(절태), 문곡수(목욕)가 도국하면 흉하다.

자손의 번성은 장생에 있고, 재록은 그 뿌리가 관왕에 있다.

부를 탐하면 생을 버리고, 왕을 맞이할 것이며,

자손의 지속을 바라면 왕을 배반하고 생을 취한다.

三. 구성수법길흉단(九星水法吉凶斷)

탐랑성(貪狼星)　장생대길수　래즉　부귀흥왕

　　　　　　　　長生大吉水　來則　富貴興旺

　　　　　　　　수거즉　인물능체유

　　　　　　　　水去則　人物陵替喩

거문성(巨門星)　수래거　개길

　　　　　　　　水來去　皆吉

녹존성(祿存星)　절태수　의류거대길

　　　　　　　　絶胎水　宜流去大吉

　　　　　　　　　래조즉 불길

　　　　　　　　　來朝則 不吉

문곡성(文曲星)　목욕관대수 류거즉길

　　　　　　　　　沐浴冠帶水 流去則吉

　　　　　　　　　래조 주 음욕불길

　　　　　　　　　來朝 主 淫慾不吉

염정성(廉貞星)　병사수 의방거 불의수납

　　　　　　　　　病死水 宜放去 不宜收納

　　　　　　　　　기 류수명당 주 화재관비 질병 퇴재

　　　　　　　　　忌 流水明堂 主 火災官非 疾病 退財

무공성(武曲星)　임관제왕수 래조 주 출입총준

　　　　　　　　　臨官帝旺水 來朝 主 出入聰俊

　　　　　　　　　불의류거 운화개수

　　　　　　　　　不宜流去 云華盖水

　　　　　　　　　주 부귀다금곡

　　　　　　　　　主 富貴多金穀

파군성(破軍星)　묘고수 래조불길 주 출불효인 온역질병전

　　　　　　　　　墓庫水 來朝不吉 主 出不孝人 瘟疫疾病顚

　　　　　　　　　재퇴진전원 절인정

　　　　　　　　　在退盡田園 絶人丁

四. 종묘대오행(宗廟大五行) 길흉론

▼ 구성, 절태법, 길흉 관계표

구성법	탐랑		문곡		무곡		거문	염정		파군	록존	
절태법	양	생	욕	대	관	왕	쇠	병	사	묘	절	태
金	辰巽	巳丙	午丁	未坤	申庚	酉辛	戌乾	亥壬	子癸	丑艮	寅甲	卯乙

위의 절태법을 보면 일반 절태법은 금국이면 艮寅에서 절이 시작되나, 이 법은 천간艮을 버리고 다음 천간甲을 맞이한 것이 다르다.

다음 길흉론을 볼 때 위의 구성 절태법을 보면 이 법을 배우는 데 큰 도움이 될 것이다.

丁坐癸향 금국 庚酉 무곡수 래조하고,

      용진혈정하며 寅甲 록존 수구이면 최길하다.

      巳탐랑룡 申무곡룡 있으면 더욱 길하다.

      丑파군수 래조하면, 도적을 불러드리고,

      부인들이 우매하고 근심으로 지새운다.

酉坐卯향 금국 辰巳탐랑수 래조하고,

      甲乙록존 수구이면 공경이 나고,

      庚辛무곡으로 좌를 정하면 그 집안세대 재벌된다.

      寅甲卯乙 四개록존 수구이면,

그 자손 관직으로 조정에서 부귀가 무리로 나온다.

乾坐巽향 금국 巽巳탐랑수 庚酉무곡수래조하고 寅甲록존 수구이면

　　그 자손 관직으로 출세하고,

　　庚酉무곡방 수구이면 어린아이가 죽고,

　　巽巳탐랑방 당면으로 수구이면

　　큰집 자손이 절손이다.

亥坐巳향 금국 巽巳탐랑수 대길

　　申庚酉辛무곡수 남쪽으로 흐르면 금옥을 쌓는 횡재이다.

　　申庚무곡방 巽巳탐랑방 수구이면

　　三년에 한 번 슬픈 일로 곡소리 나고, 가업은 모두 재로 화한다.

구성법	탐랑		문곡		무곡		거문	염정		파군	록존	
절태법	양	생	욕	대	관	왕	쇠	병	사	묘	절	태
木	戌乾	亥壬	子癸	丑艮	寅甲	卯乙	辰巽	巳丙	午丁	未坤	申庚	酉辛

艮坐坤향 목국 戌亥탐랑수 우측에서 조래하고,

　　卯무곡수는 좌측에서 흘러와,

　　庚록존방 수구이면

　　삼공이 나고 酉辛록존방 수구도 역시 무흉이다.

　　단, 두려운 것은 未파군수와 午염정수가 함께

　　래입하면 이는 직상충으로 주로 가난하고 궁하다.

卯좌酉향 목국 戌乾亥탐랑수 래조하고

　　　庚酉록존 수구이면 출인 관직에 오르고,

　　　未坤파군수 혈전으로 조입하면

　　　주로 전염병으로 해마다 어린이가 죽고 가업은

　　　공망으로 떨어진다.

巳좌亥향 목국 戌乾壬탐랑수 조래하고

　　　寅卯무곡 방룡이 우뚝하면,

　　　그 귀가 영원하며 애로점이 전혀 없다.

　　　庚酉록존방 수구이면 재물이 왕하고,

　　　子丑문곡수 우측 앞에서 오는 물

　　　未坤 파군수 모두 불리하다.

구성법	탐랑		문곡		무곡		거문	염정		파군	록존	
절태법	양	생	욕	대	관	왕	쇠	병	사	묘	절	태
火	丑艮	寅甲	卯乙	辰巽	巳丙	午丁	未坤	申庚	酉辛	戌乾	亥壬	子癸

乙좌辛향 화국 巳午무곡수 寅丑탐랑수 양길수 래조하고,

　　　乾파군방 수구이면

　　　그 집의 부귀가 중국의 맹상궁에 비할 바 아니다.

　　　亥子록존방으로 흘러도 관직으로 왕을 모신다.

　　　戌파군수 亥록존수가 조래하면 그 집안 음란이 있다.

丙坐壬향 화국 寅甲탐랑수 북으로 흘러 壬록존수구 乾파군

      수구이면 최길로 자손 누구에게도 재물이 왕성하다.

      巳丙무곡수는 가내 상서로운 경사가 영원하며,

      三, 五백 년이 가도 망하거나 패하는 일 없다.

      艮탐랑방 수구는 재앙이 자손에게 미친다.

午坐子향 화국 乾파군수 수구는 최길로 부귀 공명이 난다.

      戌파군수가 우로 흘러 子록존방을 지나,

      寅탐랑방 수구이면 자손에게 군적(軍賊)이 나고,

      조상에게 부끄러운 일이 생긴다.

壬坐丙향 화국 寅甲탐랑수 巳午무곡수 래조하여,

      辛염정 戌파군방 수구이면,

      최길로 가도 부귀하고 자손 어질다.

      寅甲탐랑방 수구이면 처자가 좁은 길에서 이별한다.

구성법	탐랑		문곡		무곡		거문	염정		파군	록존	
절태법	양	생	욕	대	관	왕	쇠	병	사	묘	절	태
水土	未坤	申庚	酉辛	戌乾	亥壬	子癸	丑艮	寅甲	卯乙	辰巽	巳丙	午丁

寅坐申향 수국 亥壬子癸무곡수가 좌로 흘러 申庚탐랑수와

      함께 辰巽방 수구이면 정상이다.

      巳午록존수 酉문곡수는 최흉으로

자손에게 재앙, 며느리는 독수공방한다.

甲坐庚향 수국 壬子무곡수 坤申탐랑수 래조하면 최길이다.

酉辛문곡 수구이면 주로 자손이 왕성하다.

丙午록존수가 래조하면

사람은 죽고 집은 가난하다.

이는 모두 물의 길흉에 있다.

辰坐戌향 수국 申庚탐랑수 壬子癸무곡수 조래하면 최길이다.

酉辛문곡 수구이면 비단 관복을 입는다.

亥壬 무곡 수구이면 먼저 처가 상하고

단, 룡진혈적하면 천문만호를 총지휘하고 가업은

영원히 패망할 일이 없다.

巽坐乾향 수국 子癸辛무곡수 최길로 부귀

酉辛문곡수는 전염병을 발생.

申탐랑 수구이면 어린 자식이 죽고 가문은 절손한다.

옛 공자의 수제자 안자의 말이 이런 곳으로 인하

여 지금까지 이름이 전한다.

申坐寅향 수국 亥子무곡수 丑거문수 멀리서 조래하면 여아

는 왕비, 남아는 왕이다.

甲乙염정 수구면 영원히 근심이 없다.

三방 四호 불문하고 다 발복 고대광실 높은 집에

재물은 넘쳐 흘러 다른 주까지 흐른다.

辛坐乙향 수국 丑거문수 癸무곡수 坤申탐랑수가 양면에서

조래하여, 丙록존 甲염정 수구이면 정상이다.

申탐랑 수구이면 최흉이다.

辰파군수 巳록존수가 좌로 흘러 寅卯염정수와

합하여 丑艮거문 수구이면

재앙으로 사람이 죽고 가문은 절손한다.

戌坐辰향 수국 子癸무곡수 坤申탐랑수 이런 곳에 천혈하면

자연 흥왕하고 巽파군 수구이면 금과 옥이 집안에

가득하고 출인 장수 부귀영화 영원하다.

子坐午향 수국 未坤申庚탐랑수 조래

다 부귀하고, 酉辛문곡수는 여자의 음란 전염병 발생

丙염정巽파군 수구는 출 공경한다.

癸坐丁향 토국 申庚탐랑수 조래 辰巽파군 수구

丙丁록존 수구는 영원히 재앙 없다.

酉辛문곡수 조래 丑艮 거문 수구이면 三년에 한 번

눈물로 지세우며 군적이 나고, 가내에 손실이 있다.

丑坐未향 토국 未坤탐랑수가 넓게 조래하고 亥壬무곡수와
　　　　만나, 巽파군 丙록존 수구이면 영웅호걸이 난다.
　　　　酉辛문곡수 辰파군수 午록존수의 조래는
　　　　집안이 퇴락하고, 출인은 광병으로 고생하고 창과
　　　　칼을 든 오역이 난다.

未坐丑향 토국 卯乙염정수에 상봉은 두렵고
　　　　子癸무곡수 坤申탐랑수 조래는 길하다.
　　　　辰巽파군수는 최흉이고 子무곡방 수구가 되면
　　　　집안이 망하고 패한다. 甲乙염정 수구이면
　　　　주로 재물이 풍족하여 중국의 부자 석숭과 비교된다.

坤坐艮향 토국 亥壬子癸무곡수 횡류하여 甲乙염정 수구이면
　　　　묘, 택, 천혈 모두 재물이 풍족하고,
　　　　辰파군수가 흘러 寅염정 수구이면 가업이 재로 화하고
　　　　년년세세 흉으로 재앙이 계속된다.

庚坐甲향 토국 亥壬무곡수 조래하면 대왕으로 최길하고
　　　　甲乙염정 수구도 최길이다.
　　　　丑거문 수구는 전답이 퇴락하고 사람이 전염병으로 죽는다.

第六節 통맥법(通脈法)

一. 룡법(龍法)

조선시대에는 이 법이 유행하였던 것으로 사료되며, 지방을 출장가면 옛날 장택지를 보여 주는데,

亡 命 丙子生

乾亥龍 癸丑落脈 亥入首 壬坐丙向 坤申得 乙辰破

이렇게 쓰여 있는 것을 접하게 된다.

이 통맥법은 다른 법과 달리 주산으로부터 입수까지의 래룡을 우선룡, 좌선룡으로 구분하여 길흉을 論하였으며, 사격·득수·파구 등은 이 구성법, 정음정양법으로 用하여 길흉을 論하였다.

필자는 오늘 이 법을 연구하면서도 우리나라에서 주를 이루고 있는 삼대 이기론(지리오결의 八十八향법, 조선시대의 풍수 시험 과목인 호순신의 대오행 지리신법, 그리고 이 통맥법)이 서로 상통하는 부분이 있고, 룡법·혈법·사법·수법·향법 등에서 서로 혼합하여 사용한 것을 발견하였다.

앞으로 이 세 가지 법의 장점을 살리고 단점을 보완하면 한 가지로 통일된 법이 나올 수 있을 것이라는 희망을 갖게 되었다. 이 법은 주로 예부터 내려온 법인데, 중국에서 온 구성법을 변형하여 사용된 것이 아닌가 생각된다.

　전국의 이 법에 유능하신 분이 계시면 서로 토의하고 연구하여 완전무결한 법으로 탄생시켰으면 하는 것이 희망 사항이다.

　24방위를 우선(양룡) 좌선(음룡)으로 나누었다.

　좌선 낙맥은 좌선룡 좌선좌 좌선득 좌선파,

　우선 낙맥은 우선룡 우선좌 우선득 우선파

로 선택하면 길하게 되며, 이는 선후천 통맥의 이치로서 선혈들의 많은 중험이 있다.

1. 좌우선룡

　우선(右旋陽龍) : 壬子, 艮寅, 乙辰, 丙午, 坤申, 辛戌의 12方位

　좌선(左旋陰龍) : 癸丑, 甲卯, 巽巳, 丁未, 庚酉, 乾亥의 12方位

2. 조자손 3대법(祖子孫 三代法)

乾坤艮巽	= 天之祖(天道行)	寅申巳亥	= 地之祖母
甲庚丙壬	= 天之子(日月行)	子午卯酉	= 地之子婦
乙辛丁癸	= 天之孫(人道行)	辰戌丑未	= 地之孫婦

　조룡(乾坤艮巽 寅申巳亥)에　　손좌(乙辛丁癸辰戌丑未)로
　　　　　　　　　　　　　　　용하면 부(富)하고

　손룡(乙辛丁癸辰戌丑未)에　　조좌(乾坤艮巽寅申 巳亥)로
　　　　　　　　　　　　　　　용하면 부귀(富貴)

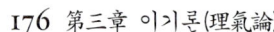

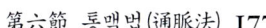

조룡(乾坤艮巽寅申巳亥)에　　자좌(甲庚丙壬子午卯酉)로

　　　　　　　　　　　　　　용하면 다자손 부귀(多子孫富貴)

자룡(甲庚丙壬子午卯酉)에　　조좌(乾坤艮巽 寅申巳亥)로

　　　　　　　　　　　　　　용하면 다자손 부귀(多子孫富貴)

二. 룡의 구분

1. 生龍

乾亥龍壬子剝換癸丑一節艮寅回頭生龍

艮寅龍壬子剝換癸丑一節乾亥回頭生龍

乾亥龍庚酉剝換辛戌一節坤申回頭生龍

坤申龍庚酉剝換辛戌一節乾亥回頭生龍

坤申龍丙午剝換丁未一節巽巳回頭生龍

巽巳龍甲卯剝換乙辰一節艮寅回頭生龍

2. 死龍

亥壬, 子癸, 丑艮, 寅甲, 卯乙, 辰巽, 巳丙, 午丁, 未坤, 申庚, 酉辛,
戌乾의 용입수(龍入首)는 사룡(死龍)이다.

乾之氣　丑藏　未及艮則　死龍

艮之氣　辰藏　未及巽則　死龍

巽之氣　未藏　未及坤則　死龍

坤之氣　戌藏　未及乾則　死龍

故 乾不及艮 艮不及巽 巽不及坤 坤不及乾則 非但節死而

首局皆死 故 屍凶而孫絕也

3. 貴龍

乾亥, 壬子, 癸丑, 艮寅, 甲卯, 乙辰, 巽巳, 丙午, 丁未, 坤申, 庚酉, 辛戌龍이다.

주(主)로 문관(文官)을 배출(輩出)하는 맥(脈)이다.

4. 賤龍

艮寅 甲卯 乙辰 巽巳 …… 同宮의 四脈이 연속으로 이어지는 龍

巽巳 丙午 丁未 坤申 …… 同宮의 四脈이 연속으로 이어지는 龍

坤申 庚酉 辛戌 乾亥 …… 同宮의 四脈이 연속으로 이어지는 龍

乾亥 壬子 癸丑 艮寅 …… 同宮의 四脈이 연속으로 이어지는 龍

丑艮, 辰巽, 未坤, 戌乾은 이문동행룡(異門同行龍)으로 천룡(賤龍)

5. 天道行龍

乾亥乾亥龍 辛脈 坤壬分脚之間의 辛坐丙破

坤申坤申龍 丁脈 巽庚分脚之間의 丁坐甲破

巽巳巽巳龍 乙脈 艮丙分脚之間의 乙坐壬破

艮寅艮寅龍 癸脈 乾甲分脚之間의 癸坐甲破

조룡(祖龍) 손좌(孫坐)이면 부(富)

좌와 파구만 보면 八十八향법의 과궁수이다.

6. 日月行龍

丙午龍 巽脈 丁甲分枝 巽坐 辛破

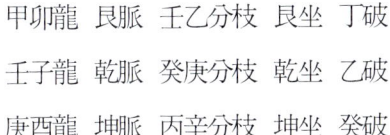

甲卯龍 艮脈 壬乙分枝 艮坐 丁破

壬子龍 乾脈 癸庚分枝 乾坐 乙破

庚酉龍 坤脈 丙辛分枝 坤坐 癸破

자룡(子龍) 조좌(祖坐)이면 다자손 부귀,

좌와 파구만 보면 八十八향법으로 자생향이다.

7. 人道行龍

辛戌龍 庚脈 乾丁分枝 酉坐 丁破

丁未龍 午脈 坤乙分枝 午坐 乙破

乙辰龍 卯脈 巽癸分枝 卯坐 癸破

癸丑龍 壬脈 艮辛分枝 子坐 辛破

손룡(孫龍) 자좌(子坐)이면 부귀,

좌와 파구만 보면 八十八향법은 정왕향이다.

8. 道德龍

巽巳行龍 甲卯龍入首 壬坎乙辰分枝脚 艮寅坐 丁未破

癸丑于龍 甲卯龍入首 壬坎乙辰分枝脚 艮寅坐 丁未破

甲卯行龍 癸丑龍入首 壬坎乙辰分枝脚 艮寅坐 丁未破

乾亥行龍 癸丑龍入首 壬坎乙辰分枝脚 艮寅坐 丁未破

乙辰行龍 艮寅龍入首 巽巳癸丑分枝脚 甲卯坐 辛戌破

壬坎行龍 艮寅龍入首 巽巳癸丑分枝脚 甲卯坐 辛戌破

乙辰行龍　艮寅龍入首　乾亥甲卯分枝脚　癸丑坐 巽巳破

壬坎行龍　艮寅龍入首　乾亥甲卯分枝脚　癸丑坐 巽巳破

甲卯行龍　巽巳龍入首　艮寅丙午分枝脚　乙辰坐 坤申破

丁未于龍　巽巳龍入首　艮寅丙午分枝脚　乙辰坐 坤申破

甲卯行龍　巽巳龍入首　坤申乙辰分枝脚　丙午坐 癸丑破

丁未行龍　巽巳龍入首　坤申乙辰分枝脚　丙午坐 癸丑破

辛戌行龍　壬坎龍入首　癸丑庚酉分脚之間　乾亥坐 乙辰破

艮寅行龍　壬坎龍入首　癸丑庚酉分脚之間　乾亥坐 乙辰破

丁未行龍　庚兌龍入首　辛戌丙午分脚之間　坤申坐 癸丑破

乙辰行龍　丙午龍入首　丁未甲卯分脚之間　巽巳坐 辛戌破

坤申行龍　丙午龍入首　甲卯丁未分脚之間　巽巳坐 辛戌破

艮寅行龍　乙辰龍入首　甲卯丁未分脚之間　巽巳坐 辛戌破

丙午行龍　乙辰龍入首　丁未甲卯分脚之間　巽巳坐 辛戌破

巽巳行龍　丁未龍入首　丙午辛戌分脚之間　坤申坐 癸丑破

庚兌行龍　丁未龍入首　丙午辛戌分脚之間　庚兌坐 丁未破

乾亥行龍　庚兌龍入首　丙午辛戌分脚之間　庚兌坐 丁未破

　　좌와 파구만 보면 八十八향법에 위와 같이 정왕향, 자왕향, 자생향, 정양향 등 길한 향이다.

　　통맥법에 있어 룡은 좌선룡, 우선룡으로 구분하여 길룡을 선택하고, 수법은 八十八향을 택한 것으로 사료된다.

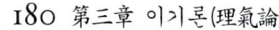

三. 좌선 절수 통맥

1. 左旋四節通脈

甲卯龍　巽巳坐　巽巳龍　丁未坐　丁未龍　庚兌坐

庚兌龍　乾亥坐　乾亥龍　癸丑坐　癸丑龍　甲卯坐

甲卯龍　癸丑坐　癸丑龍　乾亥坐　乾亥龍　庚兌坐

庚兌龍　丁未坐　丁未龍　巽巳坐　巽巳龍　甲卯坐

2. 左旋六節通脈

乾亥癸丑龍　甲卯坐　癸丑甲卯龍　巽巳坐

甲卯巽巳龍　丁未坐　巽巳丁未龍　庚兌坐

丁未庚兌龍　乾亥坐　庚兌乾亥龍　癸丑坐

乾亥庚兌龍　丁未坐　庚兌丁未龍　巽巳坐

丁未巽巳龍　甲卯坐　巽巳甲卯龍　癸丑坐

甲卯癸丑龍　乾亥坐　癸丑乾亥龍　庚兌坐

3. 左旋八節通脈

乾亥癸丑甲卯龍　巽巳坐　癸丑甲卯巽巳龍　丁未坐

甲卯巽巳丁未龍　庚兌坐　巽巳丁未庚兌龍　乾亥坐

丁未庚兌乾亥龍　癸丑坐　庚兌乾亥癸丑龍　甲卯坐

乾亥庚兌丁未龍　巽巳坐　庚兌丁未巽巳龍　甲卯坐

丁未巽巳甲卯龍　癸丑巽　巽巳甲卯癸丑龍　乾亥坐

甲卯癸丑乾亥龍　庚兌坐　癸丑乾亥庚兌龍　丁未坐

4. 左旋十節通脈

乾亥龍　甲卯坐　癸丑龍　巽巳坐　甲卯龍　丁未坐

巽巳龍　庚兌坐　丁未龍　乾亥坐　庚兌龍　癸丑坐

乾亥龍　丁未坐　庚兌龍　巽巳坐　丁未龍　甲卯坐

巽巳龍　癸丑坐　甲卯龍　乾亥坐　癸丑龍　庚兌坐

5. 左旋十二節通脈

乾亥癸丑龍　庚兌坐　　癸丑甲卯龍　乾亥坐

甲卯巽巳龍　癸丑坐　　巽巳丁未龍　甲卯坐

丁未庚兌龍　巽巳坐　　庚兌乾亥龍　丁未坐

庚兌丁未龍　乾亥坐　　乾亥庚兌龍　癸丑坐

丁未巽巳龍　庚兌坐　　巽巳甲卯龍　丁未坐

甲卯癸丑龍　巽巳坐　　癸丑乾亥龍　甲卯坐

6. 左旋二十二節通脈

乾亥甲卯乾亥甲卯龍　癸丑坐　三十二代

癸丑巽巳癸丑巽巳龍　甲卯坐　三十六代

甲卯丁未甲卯丁未龍　巽巳坐　三十八代

巽巳庚兌巽巳庚兌龍　丁未坐　三十二代

丁未乾亥丁未乾亥龍　庚兌坐　三十三代

庚兌癸丑庚兌癸丑龍　乾亥坐　三十六代

乾亥丁未乾亥丁未龍　庚兌坐　三十四代

庚兌巽巳庚兌巽巳龍　丁未坐　三十四代

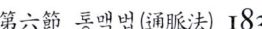

丁未甲卯丁未甲卯龍　巽巳坐　三十四代

巽巳癸丑巽巳癸丑龍　甲卯坐　三十四代

甲卯乾亥甲卯乾亥龍　癸丑坐　三十四代

癸丑庚兌癸丑庚兌龍　乾亥坐　三十四代

7. 左旋六節 上下相用通脈

乾亥癸丑龍　乾亥坐　癸丑乾亥龍　癸丑坐

甲卯癸丑龍　甲卯坐　癸丑甲卯龍　癸丑坐

巽巳甲卯龍　巽巳坐　甲卯巽巳龍　甲卯坐

巽巳丁未龍　巽巳坐　丁未巽巳龍　丁未坐

丁未庚兌龍　丁未坐　庚兌丁未龍　庚兌坐

庚兌乾亥龍　庚兌坐　乾亥庚兌龍　乾亥坐

四. 우선 절수 통맥

1. 右旋四節通脈

壬坎龍 艮寅坐　　艮寅龍 乙辰坐　　乙辰龍 丙午坐

丙午龍 坤申坐　　坤申龍 辛戌坐　　辛戌龍 壬坎坐

壬坎龍 辛戌坐　　辛戌龍 坤申坐　　坤申龍 丙午坐

丙午龍 乙辰坐　　乙辰龍 艮寅坐　　艮寅龍 壬坎坐

2. 右旋六節通脈

坤申辛戌龍　壬坎坐　辛戌壬坎龍　艮寅坐

壬坎艮寅龍　乙辰坐　　艮寅乙辰龍　丙午坐

乙辰丙午龍　坤申坐　　丙午坤申龍　辛戌坐

坤申丙午龍　乙辰坐　　丙午乙辰龍　艮寅坐

乙辰艮寅龍　壬坎坐　　艮寅壬坎龍　辛戌坐

壬坎辛戌龍　坤申坐　　辛戌坤申龍　丙午坐

3. 右旋八節通脈

坤申辛戌壬坎龍　艮寅坐　　辛戌壬坎艮寅龍　乙辰坐

壬坎艮寅乙辰龍　丙午坐　　艮寅乙辰丙午龍　坤申坐

丙午坤申辛戌龍　壬坎坐　　坤申辛戌壬坎龍　艮寅坐

坤申丙午乙辰龍　艮寅坐　　丙午乙辰艮寅龍　壬坎坐

乙辰艮寅壬坎龍　辛戌坐　　艮寅壬坎辛戌龍　坤申坐

壬坎辛戌坤申龍　丙午坐　　辛戌坤申丙午龍　乙辰坐

4. 右旋十節通脈

坤申龍　壬坎坐　　辛戌龍　艮寅坐　　乙辰龍　壬坎坐

壬坎龍　乙辰坐　　艮寅龍　丙午坐　　艮寅龍　辛戌坐

乙辰龍　坤申坐　　丙午龍　辛戌坐　　壬坎龍　坤申坐

坤申龍　乙辰坐　　丙午龍　艮寅坐　　辛戌龍　丙午坐

5. 右旋 十二節通脈

坤申辛戌龍　丙午坐　　辛戌壬坎龍　坤申坐

壬坎艮寅龍　辛戌坐　　艮寅乙辰龍　壬坎坐

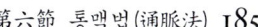

乙辰丙午龍　艮寅坐　丙午坤申龍　乙辰坐

坤申丙午龍　辛戌坐　丙午乙辰龍　坤申坐

乙辰艮寅坐　丙午龍　艮寅壬坎龍　乙辰坐

壬坎辛戌龍　艮寅坐　辛戌坤申龍　壬坎坐

6. 右旋二十二節通脈

坤申壬坎坤申壬坎龍　辛戌坐　二十四代

辛戌艮寅辛戌艮寅龍　壬坎坐　二十二代

壬坎乙辰壬坎乙辰龍　艮寅坐　二十二代

艮寅丙午艮寅丙午龍　乙辰坐　二十四代

乙辰坤申乙辰坤中龍　丙午坐　二十四代

丙午辛戌丙午辛戌龍　坤申坐　二十二代

坤申乙辰坤申乙辰龍　丙午坐　二十二代

丙午艮寅丙午艮寅龍　乙辰坐　二十四代

乙辰壬坎乙辰壬坎龍　艮寅坐　二十代

艮寅辛戌艮寅辛戌龍　壬坎坐　二十代

壬坎坤申壬坎坤中龍　辛戌坐　二十四代

辛戌丙午辛戌丙午龍　坤申坐　二十二代

7. 右旋六節 上下相用通脈

艮寅壬坎龍　艮寅坐　壬坎艮寅龍　壬坎坐

艮寅乙辰龍　艮寅坐　乙辰艮寅龍　乙辰坐

乙辰丙午龍　乙辰坐　丙午乙辰龍　丙午坐

丙午坤申龍　丙午坐　坤申丙午龍　坤中坐

坤申辛戌龍　坤申坐　辛戌坤申龍　辛戌坐

辛戌壬坎龍　辛戌坐　壬坎辛戌龍　壬坎坐

五. 발복 통맥법

1. 當代出大將之地

寅艮庚兌龍　癸丑坐　丁未破　當代大將　四代判君　九代兵判出

申坤甲卯龍　丁未坐　癸丑破　當代大將　二代判君　八代兵判出

亥乾兵午龍　辛戌坐　乙辰破　當代大將　二代判君　七代兵判出

巳巽壬坎龍　乙辰坐　辛戌破　當代大將　六代判君　六代兵判出

2. 萬代繁華之地

艮寅坎癸起峰一枝甲卯出脚壬亥落脈乾亥庚兌龍　癸丑坐　丁未破
　　　　　　　　　　　　　　　　　　　　　　一妃三相八判

坤中午丁起峰一枝庚兌버脚巳丙落脈巽巳甲卯龍　丁未坐　癸丑破
　　　　　　　　　　　　　　　　　　　　　　一妃四相九判

乾亥兌辛起峰一枝壬坎出脚申庚落脈坤申丙午龍　辛戌坐　乙辰破
　　　　　　　　　　　　　　　　　　　　　　三妃六相十判

巽巳卯乙起峰一枝丙午出脚寅甲落脈艮寅壬坎龍　乙辰坐　辛戌破
　　　　　　　　　　　　　　　　　　　　　　四妃七相八判

巽巳巽巳行龍　丑未交購之下　未脈　甲卯坐　九代丞相　　九代孫出貴妃

乾亥乾亥行龍　丑未交購之下　丑脈　庚兌坐　八代丞相　　八代孫出貴妃

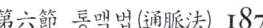

坤申坤申行龍　辰戌交購之下　戌脈　丙午坐　六代丞相　　六代孫出貴妃
艮寅艮寅行龍　辰戌交購之下　辰脈　壬子坐　七代丞相　　七代孫出貴妃
甲卯甲卯行龍　巳亥交購之下　巳脈　癸丑坐　十八代將相　九代係出貴妃
庚兌庚兌行龍　巳亥交購之下　亥脈　丁未坐　十六代將相　九代孫出貴妃
丙午丙午行龍　寅申交購之下　申脈　乙辰坐　十二代將相　六代孫出貴妃
壬坎壬坎行龍　寅申交購之下　寅脈　辛戌坐　十四代將相　七代孫出貴妃
癸丑癸丑行龍　卯酉交購之下　卯脈　乾亥坐　十六代將相　八代孫出貴妃
丁未丁未行龍　卯酉交購之下　酉脈　巽巳坐　十八代將相　九代孫出貴妃
乙辰乙辰行龍　子午交購之下　午脈　艮寅坐　十四代將相　七代孫出貴妃
辛戌辛戌行龍　子午交構之下　子脈　坤申坐　十二代將相　六代孫出貴妃

六. 흉지 통맥법

1. 倒星之地

丑龍　寅坐　丁破　未龍　申坐　癸破
辰龍　巳坐　辛破　戌龍　亥坐　乙破
巳龍　辰坐　壬破　亥龍　戌坐　丙破
寅龍　丑坐　庚破　申龍　未坐　甲破
長孫亡　支孫昌　科甲間出　非天月德破　無後　奉祀外孫之理

　좌와 파구를 보면 八十八향법으로, 寅申巳亥좌는 생향의 자생향이나 절태법의 충파양위로 보았다. 辰戌丑未좌는 묘향의 과궁수이나 절태법의 충파태신이므로 아이를 잉태도 못하고 양위를 충하므로 아이를 기르지도 못하므로 외손봉사로 본 것이다.

七. 산도(山圖)의 해설(解說)

이 산도와 장택지의 길흉론은 필자가 10여 년 전 서울 경복궁 민속박물관에 전시되어 있는 것을 사진으로 촬영하여 소지했던 것이다.

작성 연대는 지금으로부터 280년 전 雍正四年丙子(조선 영조 二년 서기 1726년) 正月 十五 日 戊申 丑時

무장현 석남촌 居 박세망의 부친 묘(雍正 3년 乙巳 2월 28일) 천장에 대한 룡맥 좌국의 진가 길흉 및 장래 체백의 안녕 여부를 알 수 없어서 점사 장성부 목계원 촌거 김세점에게 부탁하여 작성한 것으로 되어 있다.

亡命 丙午生 장자 朴世望 次子 嘉善大夫 朴厚望 戊辰生
地所는 무장현 서면 장사산 落脈 坎癸行龍 乙一節 卯一節
右旋 丑艮入首 結局 艮坐 坤向 丁得水 辛戌破之

이는 현행 통맥법으로 통용하는 용어로서 당시 이 법을 응용한 것으로 사료되며, 우선룡의 艮맥과 좌선룡의 丑맥이 절반씩 혼합되어 있어 혈처를 정하는 데 어려움을 말하였다.

산도의 24방위표를 보면,

艮방은 甫星 登明 小子大旺	丙방은 甫星 登明 丙火 長子外
巽방은 武曲 神后 長子 大旺	辛방은 武曲 神后 長子爲官 辛破
乾방은 廉貞 太沖	甲방은 廉貞 功曹
坤방은 破軍 天罡	乙방은 破軍 天罡 窺峰
兌방은 巨文 傳送	丁방은 巨文 小吉 丁水 小男大旺
巳방은 巨文 傳送	丑방은 巨文 小吉 小子大旺

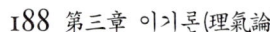

震방은 貪狼 大吉 中子大旺	庚방은 貪狼 大吉 中子大旺
亥방은 貪狼 大吉 中子奉事	未방은 貪狼 大吉 中子大旺
離방은 文曲 河魁	壬방는 文曲 河魁
寅방은 文曲 河魁	戌방은 文曲 河魁
坎방은 祿存 勝光	癸방은 祿存 勝光
申방은 祿存 勝光	辰방은 祿存 勝光

등으로 판독되었다. 이를 보면 사격과 물(득수 파구)을 판별할 때 구성법(정음 정양법)을 통용한 것으로 확신한다.

형기론으로는 내외 청룡 백호의 산두가 원정한가를 보았고, 혈처는 평원하고, 내외 안산은 혈을 영접하듯이 포전하였고, 이를 길로 보았고, 혈 등에 있는 길은 래룡을 파한 것이고, 암석이 간간이 있고, 좌우 룡호에 가로질러 있는 길은 흉으로 보았으며, 수구는 멀리 있으나 혈전에 합수처가 있고, 수구 밖에 돌다리도 있다.

사격으로는 丙丁방에 봉우리는 火이고, 亥방에 봉우리는 水로서 사람이 상하는 것이라 하였으며, 혈 앞의 전답 그리고 들판의 생수가 나오는 샘물을 지적하였고, 艮丑 주산 이 외 낙산은 상부하는 길산이라고 하였다.

그 외의 것은 판독이 불가능하며, 단 아쉬운 것은 어느 때 어느 자손에게 발복과 재앙이 있을 것이라는 예언이 빠진 것이다.

이 글을 보시는 분께서 집이나 문중에 이러한 산도나 장택지 등이 있으면 동양대학 평생교육원 풍수지리 연구과정 전화 054-630-1036, 전국풍수지리통일학회 전화 02-967-9919로 전화 주시면 후사하겠다.

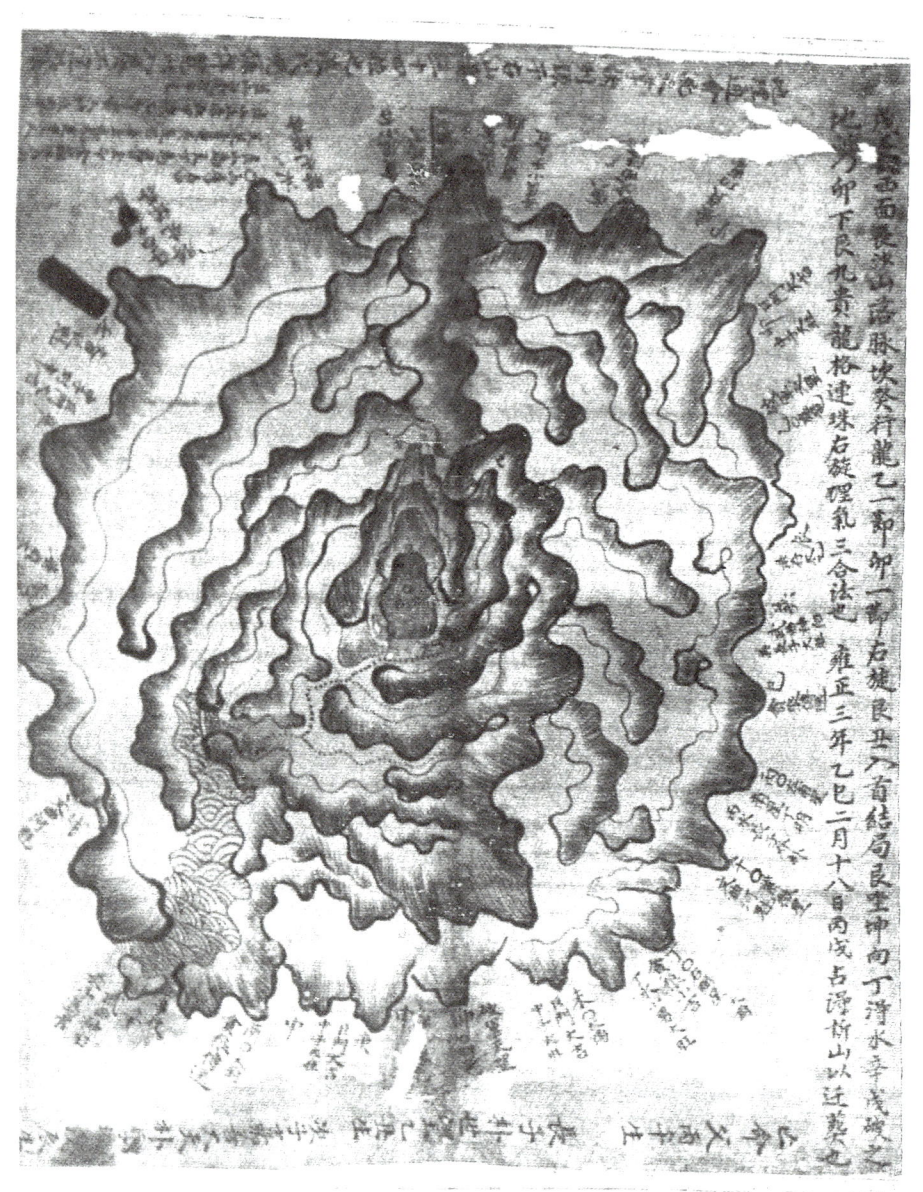

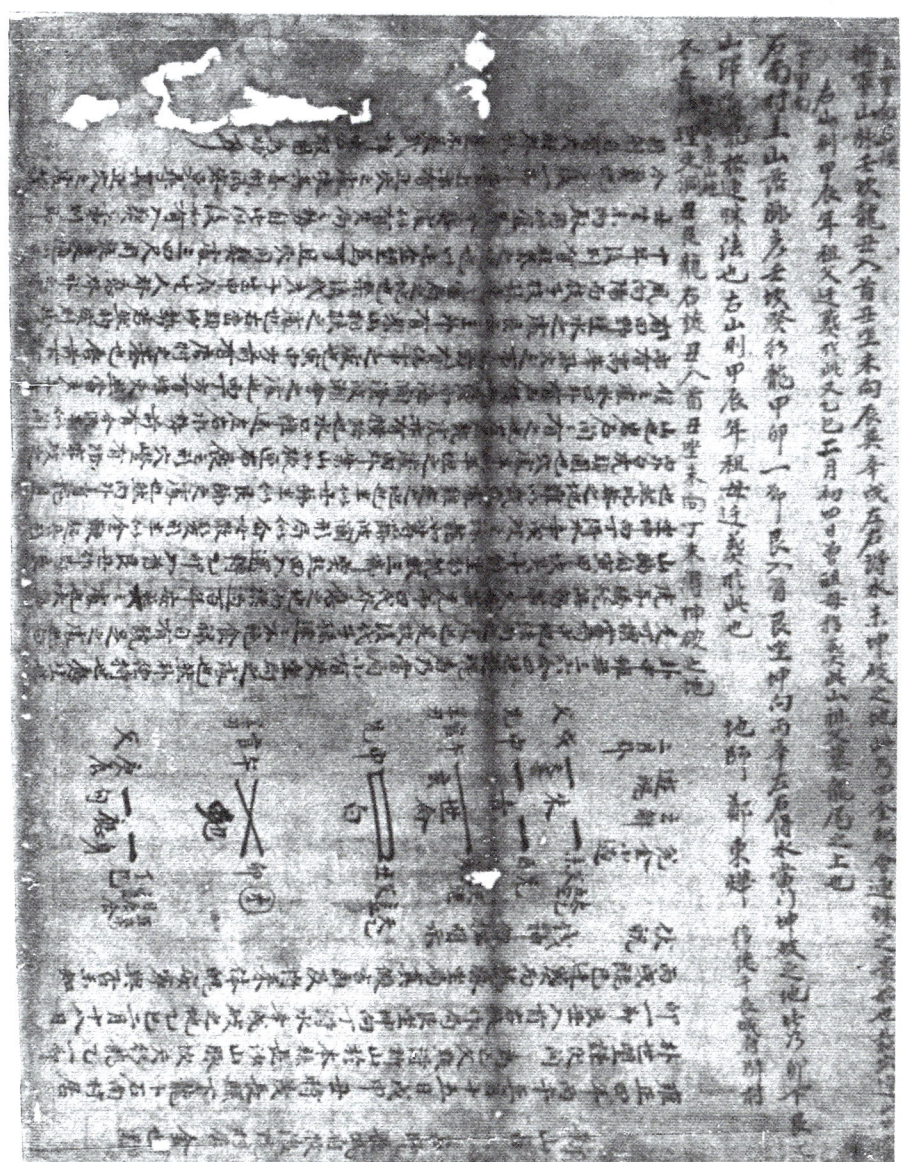

葬擇法

第四章

장택법

선사 陳希夷는 천강하림을 천성구성이라 하며,

하늘에는 貪狼 巨門 祿存 文曲 廉貞 武曲 破軍 左輔 右弼星이 있고,

땅에는 지덕상께라 하며 지상구성이라 하며,

艮巽乾離震兌坎坤 등 팔래 방위를 말하였으니,

오늘날 풍수지리에서 이 구성법을 이용하는 것이다.

第一節 혈유삼길(穴有三吉)
(금낭경 귀혈편)

一吉은, 天光下臨 地德上載 藏神合朔 神迎鬼避이다.

선사 陳希夷는 천광하림을 천성구성이라 하여, 하늘에는 貪狼 巨門 祿存 文曲 廉貞 武曲 破軍 左輔 右弼 星이 있고, 땅에는 지덕상재라 하여 지상구성이라 하며, 艮 巽 乾 離 震 兌 坎 坤 등 팔괘 방위를 말하였으니, 오늘날 풍수지리에서 이 구성법을 이용하는 것이다.

장신합삭 신영귀피는 장사 지내는 날은 길일을 택하고, 흉일을 피하라는 것이다.

二吉은, 陰陽沖和하고 五土四備하며 己穴而溫이라.

이는 주로 혈장의 흙을 말한 것으로, 穴이 溫者는 생기를 얻었다는 것이며, 혈토의 생기는 자윤하고 색은 선명하고 질은 굳으면서 부드러운 돌도 아니고 흙도 아닌 것이어야 한다.

色은 5色으로, 金기는 백색이며, 木기는 청색이며, 水기는 흑색이며, 火
기는 적색이며, 土기는 황색으로 응결되었다.

흙은 처음 응결시 황색이 근본이었으니, 5色을 다 갖추었으면 상격이고,
3, 4色이면 다음이고, 1, 2色이면 하격이다.

土質은 흙이 좁쌀같이 힘없이 흩어지면 건조한 것으로 불길하며, 진흙,
수렁, 모래, 자갈 등은 모두 흉하다.

一行 선사는 일단 혈장을 열면, 一日 장사는 대길하고, 二日 장사는 차
길하며, 三日 장사는 그 다음이고, 四日이 넘어 장사를 하면 생기를 잃었으
므로 장사를 지낼 수 없다고 하였다.

廣陵者는 땅 속에 바람 부는 것을 두려워하여 신법으로 촛불 시험을 하였
는데, 땅 속에 촛불을 넣어 번번이 꺼지면 불길하며, 만일 地中에 촛불을 넣
어 촛불이 움직이면 관을 뒤집고 시신을 옮긴다고 하여 흉한 것으로 보았다.

三吉은, 目力之巧 工力之具 趨全避闕 增高益下라.

목력지교는 장법을 능숙하게 이용 형세를 잘 살핌이요, 인공적인 기구
를 써서 형세의 완전한 것을 쫓고 결함된 곳을 피해야 한다.

법은 의당 길지를 숭상하고 흉지를 덜어 버리는 피흉추길 하라는 것이다.

第二節 장유육흉(葬有六凶)
(금낭경 귀혈편)

혈길장흉은 시신을 버리는 것과 같다 하였다. 혈삼길의 장육흉은 그 중에서 길혈 하나만 얻어도 재앙을 면할 수 있으나, 만일 한 가지 흉이라도 범하면 그 흉이 더 크다고 하였다.

음착양차 위일흉(陰錯陽借 爲一凶)이오

사세팔방 전후좌우가 모두 어그러졌음을 말한다.

陳希夷는 세속에서 壺卦를 용하여 음산은 반드시 음수를 방수하면 유음 무양이고, 양산이 반드시 양수를 방수하면 유양무음으로 음양의 조화가 안 되었다고 하였다. 이는 이기론에서 정음정양법의 바른 법을 알려준 것이다.

세시지괴 위이흉(歲時之乖 爲二凶)이오

장사일에 연월일시를 길일을 택하라는 것이며, 산과혈 좌와향이 생왕을 얻어야 합법이다.

력소도대 위삼흉(力小圖大 爲三凶)이오

살아서 복력은 미미하고 소소한데 죽어서는 왕후지지 정도를 구하는 것
이다.

빙복지세 위사흉(憑福持勢 爲四凶)이오

재산과 권세를 의지하여 풍수지리를 멀리하여 길혈을 구하지 않는 것
이다.

참상핍하 위오흉(僭上偏下 爲五凶)이오

묘자리 잡는 것과 장사를 모시는데, 지나치게 호화롭거나 지나치게 허
술하여서도 안 된다.

변응견괴 위육흉(變應見怪 爲六凶)이오

재앙 등 변괴가 生한다. 남으로부터 구설이 있다. 재산이 파하고 집안이
망한다. 자손이 죽거나 상한다. 샘물이 나오고 모래가 있는 곳, 땅이 허하여
개미나 뱀이 드나드는 곳은 모두 흉지이므로 장사를 지낼 수 없는 곳이다.

第三節 장법(葬法) (天機大要)

葬事日을 가리는 법은 금낭경 기감편 第一項에 葬者는 乘生氣也라 하였고, 註文에

坐穴은 如來山으로 相生하고,
放水는 如坐穴로 相生하며,
年月日時도 又復相生이면 이를 五行之生氣也라,
乘之則吉이요 反之則凶이니 此 自然之理也라.

하였다. 이 때부터 장사일을 생왕한 날을 선택하게 된 것이다.

현존하는 택일법이 많으나 80~90%까지 다 天機大要에 喪葬門 및 遷墳大法을 응용하고 있으므로, 여기서도 이를 기준으로 論하고자 한다.

一. 초상시(初喪時)

초상에는 흉장이므로 10日 이내에 장사를 지내면 山向의 神殺이 百四十七殺이 있더라도 이 살들을 피하지 않아도 된다고 하였다.

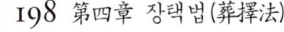

옛날에는 길일을 택하기 위하여 10日 이후에도 장사를 지냈으며, 혹은 초빈하였다가 數年 후 길일을 택하여 장사를 지냈다. 현재는 보통 3日 혹은 5日로 장사 지내는 것이 보통이다. 그러나 단, 重喪日을 보아 4日葬도 하고 있다.

1. 重喪日 가리는 법

월	正	二	三	四	五	六	七	八	九	十	十一	十二
重喪日	甲	乙	己	丙	丁	己	庚	辛	己	壬	癸	己
復 日	庚	辛	戊	壬	癸	戊	甲	乙	戊	丙	丁	戊
重 日	巳亥	巳亥	巳亥	巳亥	巳亥	巳亥	巳亥	巳亥	巳亥	巳亥	巳亥	巳亥

중상일, 복일, 중일에 장사를 지내면 喪을 계속 당한다고 하여 될 수 있는 한 이 날을 피하고 있으며, 다음날로 장사를 지내고 있는 것이 보통이다.

2. 입관길시(入棺吉時)

대개 입관은 염습을 마치면 즉시 한다. 그러므로 염습 시간을 참작하여 입관 길시를 정하여야 한다.

子日은 甲庚時, 丑日은 乙辛時, 寅日은 乙癸時, 卯日은 丙壬時,

辰日은 丁甲時, 巳日은 乙庚時, 午日은 丁癸時, 未日은 乙辛時,

申日은 甲癸時, 酉日은 丁壬時, 戌日은 庚壬時, 亥日은 乙辛時

예 子日은 甲子 丙子 戊子 庚子 壬子이고, 입관시가 甲庚時이면

甲子 甲寅 甲辰 甲午 甲申 甲戌時가 있고,

庚子 庚寅 庚辰 庚午 庚申 庚戌時가 있다.

위의 天干時를 알려면 遁時法(時頭法)을 응용할 줄 알아야 한다.

甲己日은 甲子頭,   乙庚日은 丙子頭,   丙辛日은 戊子頭,

丁壬日은 庚子頭,   戊癸日은 壬子頭,

바로 볼 수 있는 조견표는 매년 明文堂에서 발행하는 大韓民曆에 있으

므로 이를 생략한다.

3. 하관길시(下棺吉時)

장지의 멀고 가까운 것에 의하여 정할 것이며, 黃道時에 貴人時를 겸하

면 좋고, 겸할 수 없을 때는 황도시만을 취용한다.

黃道時 子午日은 午申時, 丑未日은 巳申時, 寅申日은 辰巳未時,

　　　　卯酉日은 午未時, 辰戌日은 辰巳申時, 巳亥日은 辰午未時

貴人時 甲戊庚日은 未時, 乙己日은 申時, 丙丁日은 酉時,

　　　　辛日은 午時, 壬癸日은 巳時

4. 정상기방(停喪忌方)

屍身을 묘지로 운반하기 위하여 상여나 영구차를 대기시킬 경우 안방을

기준으로 상여 영구차를 세워두는 곳을 꺼리는 방위이다.

墓지에서는 壙中을 기준으로 상여 관을 安置하지 않는 방위이다.

巳酉丑年日은 艮方(丑艮寅), 申子辰年日은 巽方(辰巽巳)

寅午戌年日은 乾方(戌乾亥), 亥卯未年日은 坤方(未坤申)

5. 제주불복방(祭主不伏方)

靈座를 설치하지 않는 방위이다.

장사 당일로 三殺方을 정하여 피하고, 三殺(劫殺, 災殺, 歲殺)의 三方은 年日로 취하여 피하며, 羊刃方도 피한다.

三殺方 申子辰年日은 巳午未方, 巳酉丑年日은 寅卯辰方,

　　　　寅午戌年日은 亥子丑方, 亥卯未年日은 申酉戌方,

羊刃方 甲年日은 　卯方, 乙年日은 辰方, 丙戊年日은 午方,

　　　　丁己年日은 未方, 庚年日은 酉方, 辛年日은 戌方,

　　　　壬年日은 　子方, 癸年日은 丑方

위의 양인방의 月天干을 알려면 月建을 알아야 한다.

遁月法(月頭法) 甲己年丙寅頭 乙庚年戊寅頭 丙辛年庚寅頭

　　　　　　　丁壬年壬寅頭 戊癸年甲寅頭

6. 하관시 피하는 법(下棺時 避하는 法)

① 正沖法 : 天干이 서로 같고 地支가 相沖 되는 것으로 빈소를 열어 헤칠 때 下棺時 피하는 것이다. 그러나 正祿 驛馬 天乙 貴人을 만나면 정충이라도 꺼리지 않는다.

子午沖   丑未沖   寅申沖   卯酉沖   辰戌沖   巳亥沖

■예■ 甲子生은 甲午日   乙丑生은 乙未日   丙寅生은 丙申日

丁卯生은 丁酉日   戊辰生은 戊戌日   己巳生은 己亥日

② 旬沖法 : 같은 旬 중에서 沖하는 것으로 꺼리는 것은 정충법과 같다.

甲子旬   甲子生庚午日   乙丑生辛未日   丙寅生壬申日   丁卯生 癸酉日

甲戌旬   甲戌生庚辰日   乙亥生辛巳日   丙子生壬午日   丁丑生 癸未日

甲申旬   甲申生庚寅日   乙酉生辛卯日   丙戌生壬辰日   丁亥生 癸巳日

甲午旬   甲午生庚子日   乙未生辛丑日   丙申生壬寅日   丁酉生 癸卯日

甲辰旬   甲辰生庚戌日   乙巳生辛亥日   丙午生壬子日   丁未生 癸丑日

甲寅旬   甲寅生庚申日   乙卯生辛酉日   丙辰生壬戌日   丁巳生 癸亥日

③ 太歲壓木命法 : 장사하는 年에 太歲를 中宮에 넣고 九宮을 순행하여 중궁에 드는 해의 사람은 하관시 잠깐 피하는 것이다.

■예■ 丙子年이면 丙子生(61세), 乙酉(52세), 甲午(43세), 癸卯(34세), 壬子生(25세), 辛酉(16세)가 해당된다. 그러므로 매년 61세, 52세, 43세, 34세, 25세, 16세 등은 하관시 피하는 것이 좋다.

7. 취토방(取土方)

묘와 광중을 메울 때 길방의 흙을 약간 취하여 넣는데, 이 취토방이 적합하지 않을 때에는 月德 月空 月德合 방위에서 취하면 된다.

월	正	二	三	四	五	六	七	八	九	十	十一	十二	
生土方	子	巳	辰卯	午	申	戌	午	未	酉	午	申	戌	墓基를 補하는 데 사용
死土方	午	亥	戌亥	子	寅	辰	子	丑	卯	子	寅	辰	成墳時에는 死土 사용

월	正	二	三	四	五	六	七	八	九	十	十一	十二
月 德	丙	甲	壬	庚	丙	甲	壬	庚	丙	甲	壬	庚
月 空	壬	庚	丙	甲	壬	庚	丙	甲	壬	庚	丙	甲
月德合	辛	己	丁	乙	辛	己	丁	乙	辛	己	丁	乙

二. 이장시(移葬時) 혹은 개장시(改葬時)

현재 우리나라는 遷墳大法으로 六甲天竅圖의 移葬(緬禮)법을 취용하고 있다.

1. 舊墓年吉凶을 가리는 법으로 動塚運法을 取用한다.

壬子, 癸丑, 丙午 丁未坐	辰戌丑未年大利	子午卯酉年小利	寅申巳亥年重喪運
艮寅, 甲卯, 坤申 庚酉坐	子午卯酉年大利	寅申巳亥年小利	辰戌丑未年重喪運
乙辰, 巽巳, 辛戌 乾亥坐	寅申巳亥年大利	辰戌丑未年小利	子午卯酉年重喪運

예 辛戌乾亥 四坐는 寅申巳亥의 년 월 일시를 쓰면 모든 흉살이 공망으로 떨어져 길하다는 것이다. 寅申巳亥의 순서는 상관없고, 四字를 써서 이장 년 월 일시를 선택하면 길한 것이다. 만일 합장의 경우는 반드시 구묘의 광중을 건드리지 말고 분묘의 한편만을 열어 합장한다

면, 이는 묘를 改修로 보아 공망을 택하지 않아도 무관하며, 구묘의 혈을 헤치지 않으면 관계가 없다.

이를 간단히 설명하면 금년은 을유년이므로, 을유년은 구묘 坤申庚酉 艮寅甲卯좌에 한하여 二月, 五月, 八月, 十二月에 子午卯酉일 午時에 이장하면 최길하다는 것이다.

2. 墓龍(舊墓를 改修하거나 莎草하는 데 사용한다)

正月은 長男 死亡

二月은 무덤 西쪽을 먼저 파면 吉

三月은 무덤을 움직이면 家內貧窮

四月은 무덤 子方을 먼저 파면 吉

五月은 長子 長孫 死亡

六月은 七人의 人命이 死亡

七月은 무덤 곁에서 殺人이 난다.

八月은 무덤 卯方을 먼저 파면 吉

九月은 塚冲大凶하며, 神魂不安

十月은 大吉하다.

十一月은 무덤 亥方을 먼저 파면 吉

十二月은 무덤 西方을 먼저 파면 吉

故로 二, 四, 八, 十, 十一, 十二月을 사용할 것

3. 天牛不守塚吉日(移葬하거나 무덤을 수리하는 데 吉하다)

> 庚午 辛未 壬申 癸酉 戊寅 己卯 壬午 癸未 甲申 乙酉 甲午 乙未
> 丙申 丁酉 壬寅 癸卯 丙午 丁未 戊申 己酉 庚申 辛酉

4. 天上天下 大空亡日

> 乙丑 甲戌 乙亥 癸未 甲申 乙酉 壬辰 癸巳 甲午 壬寅 癸卯 壬子

이장하기 위하여 運을 가리려고 하나, 구묘의 좌향 및 亡人의 연령을 모를 경우, 또한 일이 촉박하거나 부득이한 사정으로 택일할 여유가 없을 때 사용한다.

5. 故墓宿殺(이 殺은 先塋의 一處에 있으면 恩하나, 그 밖의 묘는 꺼리지 않는다)

> 春三月(正, 二, 三月)은 在未方, 夏三月(四, 五, 六月)은 在戌方,
> 秋三月(七, 八, 九月)은 在丑方, 冬三月(十, 十一, 十二)은 在辰方

6. 開塚凶時(移葬하고자 무덤을 팔 때 보는 시간으로 避함이 마땅하다)

> 甲乙日은 申酉時, 丙丁日은 午申戌時, 戊己日은 辰戌酉時,
> 庚辛日은 辰丑巳時, 壬癸日은 卯巳時

7. 地虎不食日

初喪時 十日 以內는 方向 年運 不問하고 장사를 하는데 地虎不食日 鳴吠(명폐)日을 사용하면 길하다.

地虎不食日　　壬申 癸酉 壬午 甲申 乙酉 壬辰 丁酉 丙午 己酉
　　　　　　　丙辰 己未 庚申 辛酉 十三日
鳴吠日은　　　庚午 壬申 癸酉 壬午 甲申 乙酉 庚寅 丙申 丁酉
　　　　　　　壬寅 丙午 己酉 庚申 辛酉

草殯을 열거나 墓를 破하고 棺 뚜껑을 열거나 혹은 棺을 고치거나 移葬하는 데 모두 길하다.

8. 투수일(偷修日)

舊年에 神이 장차 떠나고 新年에 神이 아직 나오지 않는 一年 中의 空亡이므로 百事에 꺼리는 것은 없으나, 오직 吉星의 來助가 없다.

大寒 後 十日　立春 前 五日

9. 세관교승(歲官交承)

이 날은 山運의 克을 받음과 凶殺에도 불구하고 任意로 葬事 혹은 家宅 建造에도 길하다.

立春日을 犯하지 말고, 黃道日을 택할 것

大寒 後 五日, 立春 前 二日(新歲 舊歲의 官神이 交替하는 때임), 寒食, 淸明(이 날은 모든 神이 上天하는 날이므로 立石, 修砌, 修墓, 改墳, 修造 등을 하는 데 길하다. 한식 一일 내에 일을 끝마치지 못하면 청명일에 끝내도 길하다.)

10. 合葬運에 대한 所見

옛날에는 합장이 많지 않았으며, 현재는 묘지의 어려움도 있겠으나 여러 가지 국내 정세에 의하여 합장을 많이 하고 있다.

신장에 있어서는 十日 내에는 산향의 모든 살이 무흉하다고 하였으니 합장운을 볼 필요가 없겠으나, 관습적으로 내려온 법에 의하여 舊묘를 기준으로 장사 당년에 三殺方 또는 生旺方에 합장을 할 수 없다고 하여 합장을 못하고 있다.

그러나 우리나라의 풍수지리서 가운데 합장에 대하여 확실하게 論한 것이 없다. 만일 풍수지리 형기론이나 이기론에 합당한 대발복지(생기응결처)가 있는데 합장운이 아니라고 불용한다면 이는 풍수지리설에 어긋나는 것이다.

신장에는 十日 내는 여러 가지 살을 가릴 필요가 없다고 하였다. 그러므로 좋은 길지이면 합장운에 구애받을 필요가 없을 것이다. 그러나 이장에 의한 합장이라면 좋은 길일을 택하여 모든 살을 제살하고 이장하는 것이 좋을 것이다.

陽宅論

第五章

앙택론

陽宅은 산 사람이 거쳐하는 곳으로,
땅 위에 기하므로 천광하림(天光下臨) 이 主가 되어
땅 위에 모이는 생기가 많은 곳이 좋은 땅이다.
陰宅은 죽은 사람의 장사지내는 곳으로, 땅 속에 기하므로
지덕상재(地德上載)가 主가 되어 땅 속의 생기가 융취된 곳이 좋은 땅이다.
앙택지가 음택지와 다른 것은 지세가 넓고 평평하께야 하며,
산 골짜기가 좁고 길은 곳은 마땅하지 않다.

陽宅은 산 사람이 거주하는 곳으로, 땅 위에 거하므로 천광하림(天光下臨)이 主가 되어 땅 위에 모이는 생기가 많은 곳이 좋은 땅이다.

陰宅은 죽은 사람의 장사 지내는 곳으로, 땅 속에 거하므로 지덕상재(地德上載)가 主가 되어 땅 속의 생기가 응취된 곳이 좋은 땅이다.

양택지가 음택지와 다른 것은 지세가 넓고 평평하여야 하며, 산골짜기가 좁고 깊은 곳은 마땅하지 않다.

양택지의 유래는 금낭경에,

勢如 重屋 茂草 喬木이면 開府建國地이고,
勢如 驚蛇 屈曲 徐邪는 滅國亡家地라.

고 한데서부터이고, 그 때부터 一國의 도읍지를 정할 때는 반드시 풍수 이론이 적용된 것이다.

第一節 國都 서울론

풍수전설 도선국사비기(道詵國師秘記)에 "繼王子李而都於漢陽"이라 하여 고려시대부터 한양 땅은 앞으로 李氏의 도읍지가 될 것이라고 예언하여, 이를 꺼린 고려에서는 서울에 오얏나무(李樹)를 심어서 그 나무가 무성하면 벌목하여 王氣를 쇠약하게 하였다는 전설이 전해 오고 있다.

서울은 이미 삼국시대부터 백제 시조 온조왕이 위례성(慰禮城)이라 하여 도읍하였고, 30代 개로왕까지 120여 年을 이어 왔고, 고려 중엽에서는 南京이라 하였다. 李氏 조선에서는 李太祖 즉위 3年 10月 1日 한양으로 천도하여 오늘날까지 600여 年을 이어 오고 있다.

지맥(地脈)은 白頭大幹에서 일맥이 수천, 수백 회의 剝換 전향하여 천리 행룡하여, 경기도 포천땅의 王房山을 이루고, 이어 양주땅에 와서 도봉산을 만들고, 그 후 三角山(백운대, 국망봉, 인수봉)을 구름 위에 높게 연꽃 모양으로 솟게 하였으며, 북으로 백악(현 북악산)을 현무로, 동으로 낙산을 청룡으로, 서쪽으로 인왕산을 백호로, 남으로 목멱산(木覓山)을 주작으로 하여 멀고 가깝게 산들이 둥글게 높이 솟아 성곽을 이루었다.

水勢는 청계천 內水가 西出東流하여 서울 한복판을 관통하여 乾得乙破 하였으며, 한강수는 동쪽에서 서쪽으로 흘러 금성환포 하여 艮得辛破 하였으니, 이를 水太極이라 한다.

좌향(坐向)론은 서울 도읍지에 좌향을 놓고 權仲和, 鄭道傳, 河崙, 無學大師 등이 의논할 때 무학대사는 인왕산을 주산으로 동향을 주장하였고, 정도전 등은 북악산을 주산으로 하여 남향을 주장하여 이를 관철하였다.

四大門은 동대문을 興仁之門으로, 東의 仁字는 木에 속함이고, 之字는 동쪽의 지맥이 약하여 이를 補하기 위함이다.

남대문은 崇禮門으로, 南의 禮字는 火에 속함이며, 현재 광화문 앞에 있는 2개의 해태상은 관악산이 경복궁을 직충하므로 그 火氣를 쇠약하게 하기 위하여 水中 생물인 해태상을 선택한 것이며, 崇禮門을 세로로 현판을 쓴 것은 南쪽의 화기를 대항함이다.

서대문은 敦義門으로, 西의 義字는 金에 속함이며, 북대문은 弘智門으로, 北의 智字는 水에 속함이다.

중앙은 普信閣으로, 中央의 信字는 土에 속함이다.

이로써 서울에는 五行의 五氣를 모두 결집하여 생기를 총집결한 풍수이론에 맞춘 이름인 것이다.

지명유래 (地名 由來)

〈잠실〉

남산의 산머리가 누에의 머리와 같이 보인다 하여 유래한 지명으로, 누에는 뽕잎을 먹고 자라므로 현재의 잠실벌에 뽕나무를 심게 한데서 비롯되었다.

〈왕십리〉

이태조께서 무학대사와 함께 현재 왕십리에 와서 왕터를 물색중, 한 노파가 나타나 현재 경복궁 쪽을 가리키면서 여기서 십리를 더 가서 왕터를 잡으라고 한데서 비롯되었다.

〈망우리〉

이태조께서 죽은 후의 묘지를 현재 구리시 동구능에 잡아 놓고 귀경중 망우리 고개에서 쉬면서 이제 근심을 덜었다고 한데서 비롯된 지명이다.

이 외에도 많이 있으나 이를 생략하며, 지명도 모두 그 뜻이 있는 것이다.

第二節 陽宅基地

양택지도 음택지와 크게 다를 바가 없으나 양택지는 여러 사람들이 모여 사는 곳으로, 룡도 더욱 長遠하여야 하고 명당도 평평하고 더욱 넓어야 한다. 여러 산과 여러 골짜기 물이 멀리서부터 모여 들어와야 하고, 초목도 무성하고 물은 깊고 흙은 기름져야 하는 것이다.

국세의 크고 작은 것에 따라 도시와 촌락이 구별되고, 도성 안은 백여 리에 넓어야 하고, 각 고을터도 수리에서 수십 리로 둘러싸 안은 곳도 있다.

龍穴砂水法은 모두 음택법에 준하되, 양택지는 우리들이 살고 있는 곳으로 상식적으로 생각하여도 길하고 흉한 곳을 자연 알게 될 것이다.

집을 짓고 살 수 있는 집터는 도시나 촌락을 막론하고 중심지로 생기가 가장 많이 모이는 곳이 최상이다.

흉지로는,

　　前高後低地(앞이 높고 뒤가 낮은 곳)

　　東高西低地(동쪽이 높고 서쪽이 낮은 곳)

南高北低地(남쪽이 높고 북쪽이 낮은 곳)

路下低地(옆에 길보다 낮은 곳)

孤露突地(사방이 낮고 홀로 높은 곳)

絶壁斷崖 上下(절벽 산꼭대기나 절벽 아래)

屋後通路地(집 뒤로 도로가 나 있는 곳)

神前 佛後 際壇(사당 앞, 사찰 뒤, 제사 지내는 제단 등)

共同墓地, 戰爭터, 古獄, 刑場

등은 모두 흉지로, 피하는 것이 좋다.

그 외 다음의 三殺도 피하는 것이 좋다.

풍살(風殺) : 집터의 사방이 요함하여 주야로 불어오는 바람을 피할 수 없는 곳은 흉지이고, 乾亥風(서북풍)은 더욱 흉하며, 촌락에서는 산골짝 바람이, 도회지에서는 골목바람이 더욱 흉하다.

수살(水殺) : 집터의 전후좌우에서 직접 충돌하여 들어오는 수침살과, 이기론의 수법의 법살도 흉한 것이다.

압살(壓殺) : 주위의 산이 지나치게 높아 집터를 내리누르고 있는 곳은 중압감과 답답함을 느끼게 되니, 이러한 곳은 피해야 한다.

택지형세론(宅地形勢論)

택지의 넓고 좁은 것은 거주하는 사람의 성격 형성과 사회적 활동, 길흉화복에도 많은 영향을 미친다.

택지를 입체적으로 볼 때에는 높고 낮음의 차가 적어 평평한 것이 길하

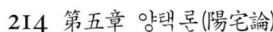

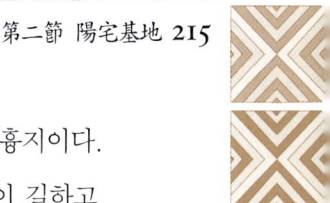

고, 한편이 너무 높아 경사가 심하거나 또 한편이 너무 무너져도 흉지이다.

평면으로 볼 때는 정사각형, 직사각형으로 각이 단조로운 것이 길하고, 五, 六角 이상 각이 복잡하고 많은 것은 흉지인 것이다.

지질(地質)은 紅黃滋潤한 흙에 건하고 습한 것이 균일하고 윤기가 있어 생기가 넘치고 生土로서 신선한 흙이 길하고, 회색 흑색의 윤기가 없고 생기가 전혀 없는 흙은 죽은 흙이다.

진흙 수렁과 자갈 모래만 있는 흙도 흉하고, 음지에 습기가 많은 흙과 매립지의 흙은 더욱 흉하며, 성토 성축 절토 옹벽 등도 과하면 모두 흉하다.

第三節 가상론(家相論)

1. 형태(形態)는 원만풍요하고 형편이 균윤하며 너무 과하거나 너무 부족함이 없어야 하고, 뾰족하고 각이 복잡한 것은 흉하다.

2. 좌향(坐向)은 向陽背陰이 원칙이며, 일광을 듬뿍 받고, 바람과 한기는 뒤로 방지하여야 한다. 앞으로는 창문이 많아 채광 통풍이 잘 되어야 하고, 집안 전체에 음산한 기운이 없어야 한다. 그러므로 盛陽之屋은 人旺鬼傷하고 盛陰之屋은 鬼旺人傷 하는 것이다.

3. 형(形)은 日月用字形은 길하고, 尸, 工, 一字形은 흉하다고 하였으나, 근래에 와서는 서양 문화가 들어와 여러 가지 형태가 많이 있으나, 일광이 잘 비치고 습도가 적당하여야 할 것이다.

4. 다섯가지 허(虛)한 것이 있으니 이를 명심할 것이다.

地廣屋小는 虛望之象(대지는 넓고 가옥이 작은 것은 희망이 없고)
家人小口는 氣衰之象(집은 큰데 식구가 적으면 기가 쇠약하고)
門廣屋小는 內虛之象(대문은 크고 가옥이 작으면 실속이 없고)

無門無垣은 散氣之象(대문과 담장이 없으면 생기가 흩어지고)

庭心屈井은 氣沈之象(마당에 우물을 파면 생기가 가라앉는다)

5. 외양(外樣)은 집 주위에 지세와 환경에 맞추어 조화를 이루어야 하고, 남쪽은 문을 많이 만들어 일광을 많이 받아야 하고, 북쪽에는 문을 만들지 않아 바람을 막아야 하고, 색깔은 흑색, 회색은 피하고, 신선하고 생동감 있는 색이 길하다.

6. 지하실(地下室)은 채광, 통풍이 잘 되어야 하고 음과 양의 조화가 없으면 거주하기가 불가한 것이며, 습기와 악취 등이 많으니 극히 조심할 것이다.

7. 담장은 음택의 룡호에 비유되며, 가내 생기의 누설을 막고 집안 재물의 손실을 방지하므로 반드시 필요하고, 담장은 지나치게 높거나 지나치게 낮으면 흉격이니 보통 6尺 정도이면 좋을 것이다.

8. 정원(庭園)은 음택의 명당에 비유되는 곳으로 처와 재물로 보며, 마당이 집 앞과 뒤로 나뉘어 있으면 재물의 분산으로 흉격으로 보며, 西쪽(兌位) 뒷마당의 花壇은 夭婦 小妾이라 하여 크게 꺼리는 것이다.
정원수는 밖의 마당에는 美樹(아름다운 나무), 안마당에는 금잔디가 길하고, 길수는 소나무, 대나무, 매화나무, 살구나무, 대추나무, 감나무, 석류나무이고, 흉수는 복숭아나무, 오얏나무, 수양버들나무, 잣나무 등이니 피하는 것이 좋다.

第四節 가상법(家相法)

가상법은 門, 房, 廚 등을 가상생기법에 합국시키면 더욱 길하다.

문(門은 大門, 玄關門이 있다)

모든 길흉화복이 대문을 통하여 출입하는 중요한 곳이며, 家主의 本命과 合宮되는가를 보아야 한다.

방(房)

전 가족이 많이 거주하는 곳 또는 가옥의 중심지이고, 길 방위가 좋다. 모든 방의 배치는 六親方에 해당하는 가족이 거주하면 좋다.

주방(廚方)

가족들이 먹고사는 음식물을 만드는 곳으로 특히 중요하다. 같은 방위의 음식물도 길 방위이면 生氣의 영양분이 되지만, 흉 방위이면 死氣의 독(毒)이 되는 것이다.

화장실(便所)

사람이 먹은 것을 배설하는 곳으로, 흉 방위가 좋다.

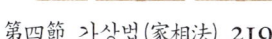

日本人들은 건물 중앙이나 동서남북 정위(子午卯酉方)를 피하고, 辰戌丑未方을 선택하고 있다.

一. 동서사택법(東西四宅法)

24坐向을 8宮으로 하여 이를 東四宅, 西四宅으로 나눈다.

東四宅 : 坎(壬子癸), 離(丙午丁), 震(甲卯乙), 巽(辰巽巳)
西四宅 : 艮(丑艮寅), 坤(未坤申), 乾(戌乾亥), 兌(庚酉辛)

응용 방법은 우선 가주의 본명궁(생년궁)이 東西四宅中에서 어느 궁에 해당되는가를 알아야 하고, 다음에 陽宅 三要인 門, 房, 廚가 東西 四宅 어느 궁에 있는가를 알면 본명궁이 동사택이고, 문방주가 동사택으로 배합되면 가상생기법의 生氣 延年 天乙 伏位가 되며, 吉이 되어 좋고, 서사택으로 불배합이 되면 五鬼 六殺 禍害 絶命이 되어 흉하다.

二. 본명을 아는 방법

1864년부터 1923년생은
　　　　上元甲子 男子는, 一坎宮에서 起甲子逆行 癸亥까지
　　　　　　　　女子는, 五中宮에서 起甲子順行 癸亥까지

1924년부터 1983년생은

中元甲子 男子는, 四巽宮에서 起甲子逆行 癸亥까지

女子는, 二坤宮에서 起甲子順行 癸亥까지

1984년부터 2043년생은

下元甲子 男子는, 七兌宮에서 起甲子逆行 癸亥까지

女子는, 八艮宮에서 起甲子順行 癸亥까지

이렇게 九宮法을 응용하는 법도 있고, 다음과 같이 그대로 계산하는 방법도 있다. 생년년도는 매년 입춘일을 기준하여야 한다.

• **본명을 간단하게 아는 법**(단, 본명이 중궁(5)에 들면 남자는 艮궁으로 보고, 여자는 坤궁으로 본다.)

서기년도의 四개 숫자를 합하여 일 단위수로 셈하여 남자는 기본수 11에서 나온 수를 빼면 되고, 여자는 기본수 4를 더하면 된다.

예 男子(乾命) 乙卯生 1915년생

$1+9+1+5=16(1+6)=7$, 기본수 : $11-7=4$

四巽宮이며, 東四宅이다.

예 男子(乾命) 丙寅生 1926년생

$1+9+2+6=18(1+8)=9$, 기본수 : $11-9=2$

二坤宮이며, 西四宅이다.

예 여자(坤命) 庚午生 1930년생

$1+9+3+O=13(1+3)=4$, 기본수 : $4+4=8$

八艮宮이며, 西四宅이다.

예 女子(坤命) 乙亥生 1935년생

$1+9+3+5=18((1+8)=9$, 기본수 : $4+9=13(1+3)=4$

四巽宮이며, 東四宅이다.

三. 가상생기법 조견표(家相生氣法 早見表)

東西 四宅	震	巽	坎	離	乾	坤	兌	艮
一上 生氣	離	坎	巽	震	兌	艮	乾	坤
二中 五鬼	乾	坤	艮	兌	震	巽	離	坎
三下 延年	巽	震	離	坎	坤	乾	艮	兌
四中 六殺	艮	兌	乾	坤	坎	離	巽	震
五上 禍害	坤	乾	兌	艮	巽	震	坎	離
六中 天乙	坎	離	震	巽	艮	兌	坤	乾
七下 絶命	兌	艮	坤	乾	離	坎	震	巽
八中 伏位	震	巽	坎	離	乾	坤	兌	艮

용자는 반드시 상중하원 갑자법에 의한 본명을 암기하여야 하고, 동서사택 중 어느 궁에 해당하며, 위의 조견표를 보고 양택삼요가 합법되었는가를 본다.

본명궁과 양택삼요가 다 같이 동사택 또는 서사택으로 합궁이면 생기 연년 천을 복위방으로 길하게 되며, 본명궁과 양택삼요가 동사택, 서사택으로 서로 혼합되어 불합이면 오귀 육살 화해 절명방으로 흉하게 되는 것이다.

四. 가상생기법에 의한 화복론

東西 四宅	八卦方	方位	五行	六親方位
東 四宅	震(甲卯乙)	東	木	長男
	巽(辰巽巳)	東南	木	長女
	坎(壬子癸)	北	水	中男
	離(丙午丁)	南	火	中女
西 四宅	乾(戌乾亥)	西北	金	老父
	坤(未坤申)	西南	土	老母
	艮(丑艮寅)	東北	土	小男
	兌(庚酉辛)	西	金	小女

一上生氣 : 東은 東, 西는 西로 合吉하고, 家道隆盛하며, 官祿이 加增
되고, 生五子에 多福하고, 特長子에 興이 많으며, 양택삼요
가 합이 되면 더욱 길하다.

二中五鬼 : 東西四宅이 混合하여 凶이고, 본시 五鬼方은 취하지 않는
것이다. 만일 범하면 凶이 至大하다.
자손에게 多病하고 子絶孫敗한다. 먼저 둘째집이 망하고,
다음으로 장자방으로 미친다.

三下延年 : 東은 東, 西는 西로 合吉하고, 자손들이 장수하고, 어질고
효도하며, 百事가 모두 大成한다. 특히, 四子에게 크게 미
치고, 다음으로 다른 자손에게 미친다. 이 방위는 주방이면
더욱 길하다.

四中六殺 : 동서사택이 혼합하여 흉이고, 부모의 祖業을 지키기 어려
우며, 주로 재물의 패절이 있다.
女兒는 不良하고 간신히 獨子이나, 질병에 의한 해가 大凶
하다. 먼저 중방에 패가 있다.

五上禍害 : 동서사택이 혼합하여 흉이고, 자손들이 천박하고 不興하며,
끝에 가서는 無子孫에 禍害가 至大하다. 먼저 小房부터 해
를 당한다.

六中天乙 : 東은 東, 西는 西로 합하여 길하고, 人財家道 모두 興旺하
고 得三兄弟에 功名顯達하며, 특히 中子에 興이 많다. 一名
福德宮이라고도 한다.

七下絶命 : 동서사택이 혼합하여 흉이고 자손과 재물이 재앙으로 인하
여 패하게 되며, 남자는 요절하고 여자는 과부가 많겠으며,
절손 무자하는 바이다. 특히 장자 집의 해가 더욱 극심하다.
此方은 便所, 汚物場을 설치하여 除殺하면 길하다.

八中伏位 : 東은 東, 西는 西로 합하여 길하고, 平吉방으로 길성을 만
나면 길한 것이 많고, 흉성을 만나면 흉이 되는 것이다. 단,
本命方이면 꺼리는 방위이다.

五. 주역팔괘개문식(周易八卦開門式)

1. 乾(戌乾亥)

乾좌巽향

艮천을 문을 열면 부귀 금은창고 가득

坤연년 대문은 토금 상생으로 가화만사형통

兌생기문 재물 보물 몰려오나 선길 후환흉

乾복위문 순양으로 부녀 상한다.

초행 艮천을에서 앞마당을 돌아 坤연년방

대문 출입 대길

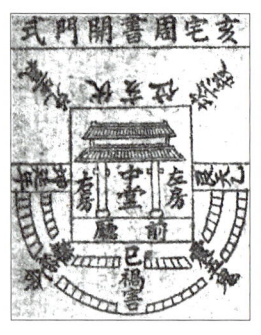

亥좌巳향

艮천을문 재산대발 출인 총명 문장수사(秀士)

寅申巳亥년에 응함

坤연년문 일일횡재 금은, 전답 육축왕성

兌생기문 부귀 형제화순 자손효도

乙辛丁癸년 도래

戌좌辰향

坤연년문 금은 전답 증식

艮천을 대문 대길 문장 수사출인

乾복위문 부귀 매일 횡재 늙은 노인 편안

초행 坤연년에서 앞으로 艮천을 방으로 왔다

가 兌생기방 대문으로 출입 대길

2. 坤(未坤申)

坤좌艮향

乾연년문 노부부상견 장수 부만족 금은 가득

艮생기문 정상 兌 천을방으로 돌아 개문하면

부귀 만방에 날리며, 土金상생으로 신동을 출하고

관직을 더하고 문무쌍전

초행 乾연년방에서 앞艮 생기대문 당문 출입

아름답다.

申좌寅향

乾연년문 왕기 많아 전재흥왕 부로 만족하는 노인

艮생기대문 문장수사 재물운은 庚申년에 응

坤복위문 산 뱀같이 활동이 왕성 노인 재물 풍족

초행 乾연년문에 艮생기문을 돌아 坤복 위문 출입

대길

未좌丑향

艮생기문에서 乾연년방이면 전답 우마 왕성

출인 총명 관직 세대영웅

兌천을문 출입 득노비 재산흥융 처로 인하여

부 획득 자손마다 귀 기쁜 일 중중

乾연년문을 艮생기까지 펴면 노소동락 아름답다.

초행 艮생기문에서 乾연년대문으로 兌천을방까지

돌아 출하면 대길

3. 艮(丑艮寅)

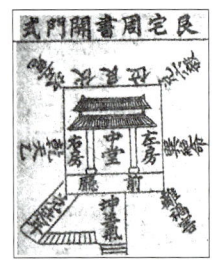

艮좌坤향

乾천을문 재산 인구 왕성

단, 두려운 것은 부녀들의 형상(刑傷)

坤생기문 육측창성 금은이 만상자이다.

兌연년문 음양배합 부귀쌍전 천하에 날리고 초행

兌연년에서 坤생기대문으로 출입 대왕

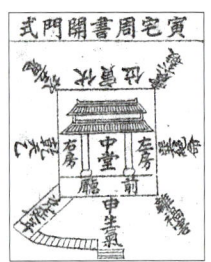

寅좌申향

兌연년문 음양배합 인처치부 전답증식 자손 총명

坤생기대문 가중사 다 왕상

乾천을문 횡재 천리안에 전답만경

돈과 재물 넘치고

초행 兌연년문에서 坤생기대문 출입 대길

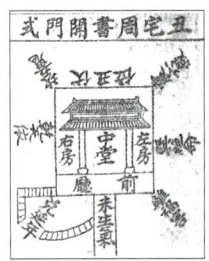

丑좌未향

兌연년문 매일 횡재 행로 궁곡(弓曲)이면 부천금

자손총명 준걸로 등과갑 효의 천하에 알리고 전답

만경에 천금을 쌓고 산다.

초행 兌연년문에서 坤생기대문으로 출입 대길

4. 兌(庚酉辛)

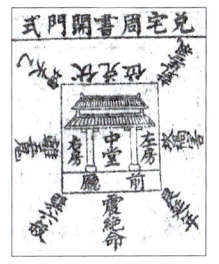

酉坐卯향

艮연년문 음양배합 자손세대 등과갑

부귀쌍전 장수, 乾생기문 부귀

단, 두려운 것은 노인의 손상이 있다.

坤천을문 토금상생 부녀자에 혈재(血財)

초행 艮연년문은 토금상생으로 대길

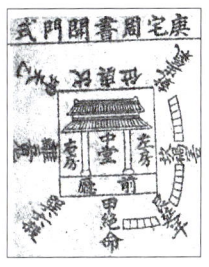

庚坐甲향

乾생기문 출인 효의지사 문장 전답만경 자손 화목

艮연년문에서 兌복위문까지 펼치면 자손 총명

준걸 등과갑 문무쌍전 근제왕

초행 乾생기문에서 굴곡 艮대문으로 출 대길

辛坐乙향

艮연년문 자손총명 세대성명 날리고

부처해로 가문에 재물 천 상자 넘친다.

자손마다 전답 증식한다.

초행 艮연년문에서 돌아 坤천을문 출입 대길

5. 坎(壬子癸)

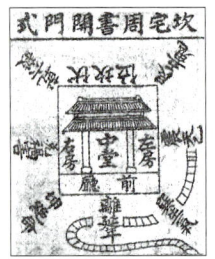

子좌午향

출입길이 산뱀이 활동하는 것과 같이 머리와 꼬리가
집을 돌아보고 있다. 그 부가 중국 석숭에 이른다.

震천을문은 형재온화 부자 금은 만상자

離연년문은 재록 흥왕하나 부녀상을 면하지 못한다.

초행 巽생기문으로 굴곡 출입 길

만일 震천을문으로 초행이면 巽생기대문 길

壬좌丙향

離연년문은 귀는 조정에 오르고 부는 천상자이다.

巽생기 離연년문은 세대관직 오부에 오르고 문장
으로 만민에게 자랑한다.

초행 震천을 작은 문에서 출발 離연년 대문 출하면
수목상생, 목화통명으로 대길

癸좌丁향

震천을문은 주로 횡재 육축흥왕 자손 준수 총명

離연년문은 필경 화랑을 탐한다.

巽생기문은 관직증 대대손손 등과갑 전답만경

초행 震천을에서 離연년을 돌아 巽생기대문으로
출입 대길

6. 離(丙午丁)

午坐子향

巽천을문은 木火상생 방방위위 재물풍년 출인 총
명 준걸

震생기문은 역시부귀

坎연년문은 부부상견 수화 개제

초행 소문 震생기문에서 坎연년문을 돌아

離 복위문으로 출입 길

丙坐壬향

震생기문은 횡재 전답육축 자연히 오고

巽천을문은 출인 총명 준걸 문장 관료 현달

坎연년문 자손 천만가구 효의인풍 백리를 흔들고

초행 震생기문 지현굴곡 坎연년 대문 출입 대길

丁坐癸향

震생기문 그 집안 세대로 흥

巽천을문 재운 노비 자연래 자손준수 입조정
세대관록

坎연년문 부귀 중녀 왕비 근제왕

초행 巽천을문 震생기방으로 굴곡하여 坎연년대문
출입 대길

7. 震(甲卯乙)

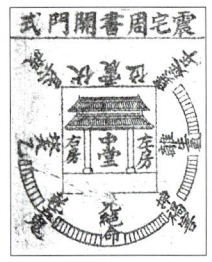

卯좌酉향

정면 서남방 서북방 건태곤궁은 질병 화해 오규방
이다.

坎천을문은 재물 록관증식 단지 창고 있으면 분쟁
중남과 불화

離생기문은 木火상생 인화 발복 자손세대 공경출

초행 坎천을문 길

甲좌庚향

離생기문 산 뱀과 같이 행로 돌아서

坎천을문에 도달하면 출인 관귀왕성

초행 離생기문에서 굴곡으로 돌아 坎천을문으로
출입 대길

乙좌辛향

離갱기문 부귀쌍전이 길로 크게 오면 부귀 상품

巽연년문 보통으로 부귀 기약 작게 와도

의식은 영원히 근심 없다.

초행 坎천을문에서 離생기방을돌아 巽연년

방 출입은 대길

8. 巽(辰巽巳)

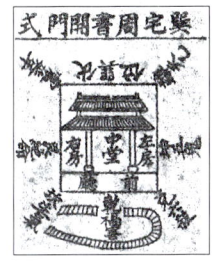

巽좌乾향

개문 행로가 곡척(曲尺)같으면 집안에

백 가지 일이 길하다.

坎생기문 주로 횡재 노비자연래

乙辛丁癸년 응

震연년 離천을 巽복위문은 모두 문명지상

초행 소문 우측행 坎생기대문은 심히 아름답다.

巳좌亥향

坎생기문 출 수원(水源)이 길고 출 부귀

전답증식 육축우마 산야 두루 여럿 있고

세대 자손 발과갑 방방위위 발복

초행 우측각에 소문으로 坎생기대문 출입 상길

辰좌戌향

坎생기문 횡재 매일자연래 육축전잠(田蠶)

흥왕 가재 항상 풍족하게 더하고

초행 소문 우각 坎생기문에서 좌로 離천을대문

출입 최길

點穴法

第六章

점혈법

점혈법은 사람의 얼굴에 비유하며 말하였으니,
이는 금랑경 형세편에서 자세히 설명하고 있다.
맥은 뇌를 따라 내려오므로
이마(顙), 귀(耳), 코(鼻)의 점혈은 길하고,
뿔(角), 눈(目)은 살로써 흉하고,
입술(脣)은 사기(死氣)로써 흉하다.

점혈법은 고산(高山), 평양(平陽), 평양(平洋)룡으로 구분하여야 한다.

第一節 고산점혈법 (高山點穴法)

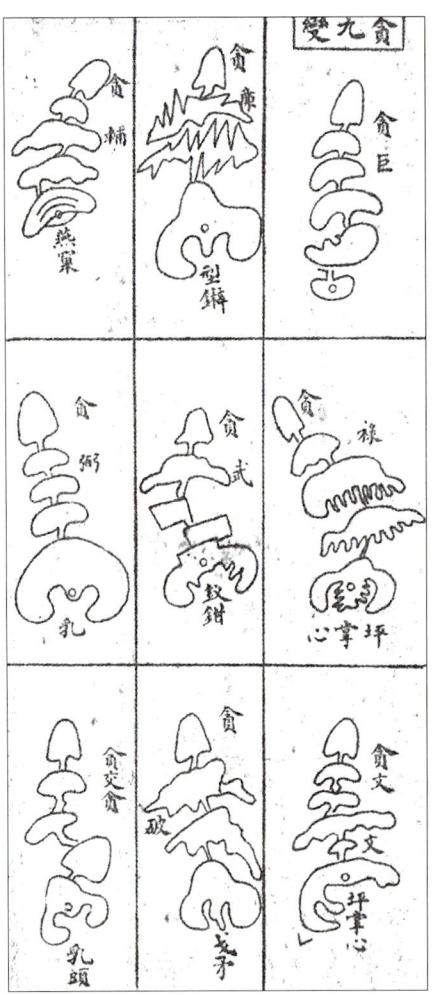

산형을 구성(탐거록문 염무 파보필)으로 구분, 아홉 번 변하여 八十一형을 설명한 것이다.

왼쪽 그림은 탐랑에서 구변한 것이다.

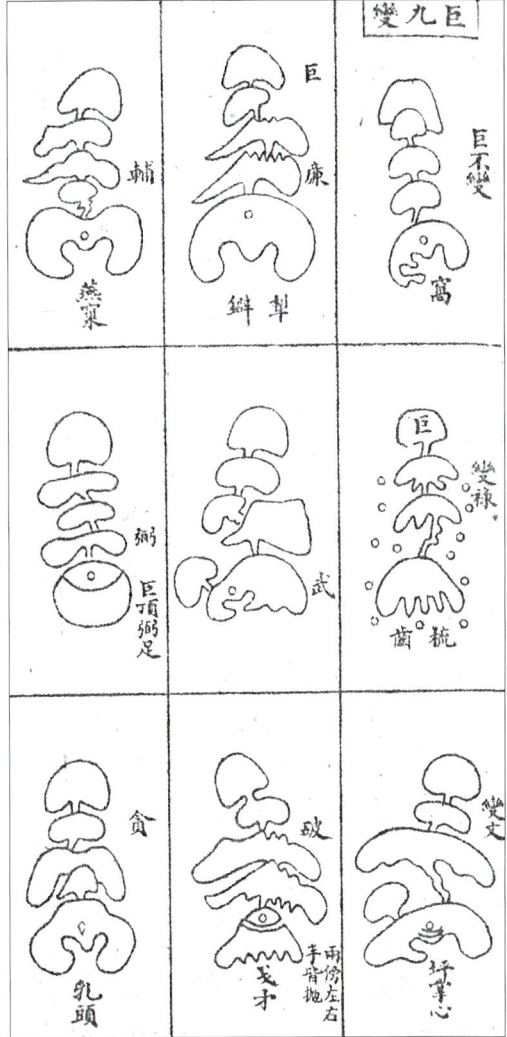

왼쪽 그림은 거문에서
구변한 것이다.

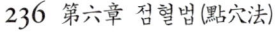

왼쪽 그림은
록존에서 구변한
것이다.

왼쪽 그림은
문곡에서 구변한
것이다.

변九廉

變輔
變文
出龍
變貪
變弼
變武
變巨
出龍
變破
變祿

왼쪽 그림은
염정에서 구변한
것이다.

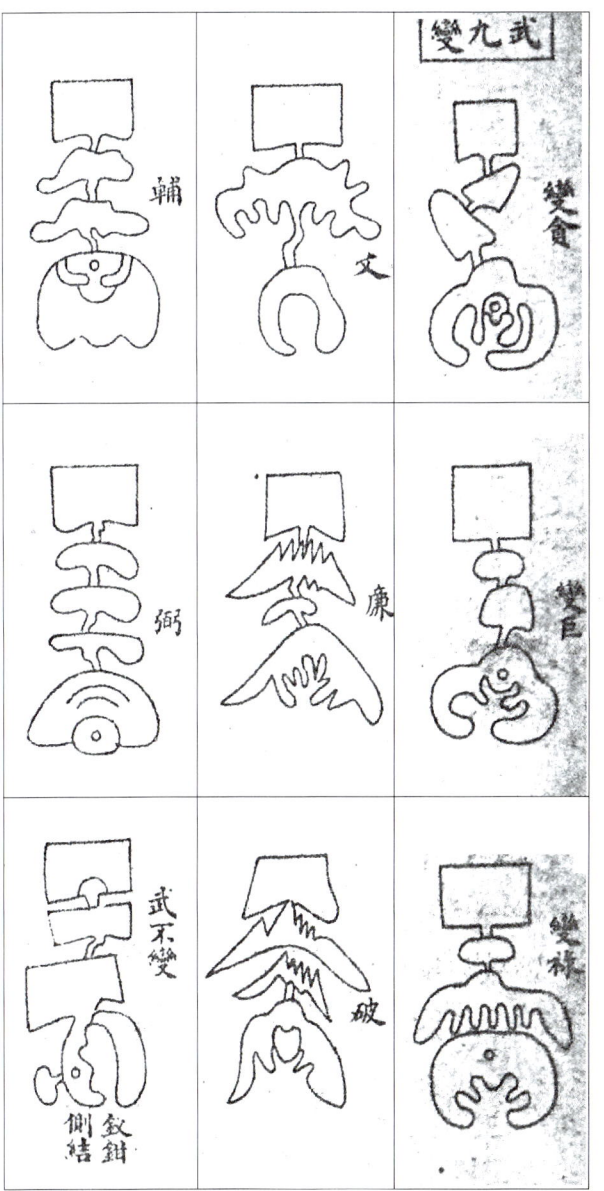

왼쪽 그림은
무곡에서 구변한
것이다.

왼쪽 그림은
파군에서 구변한
것이다.

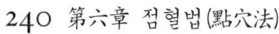

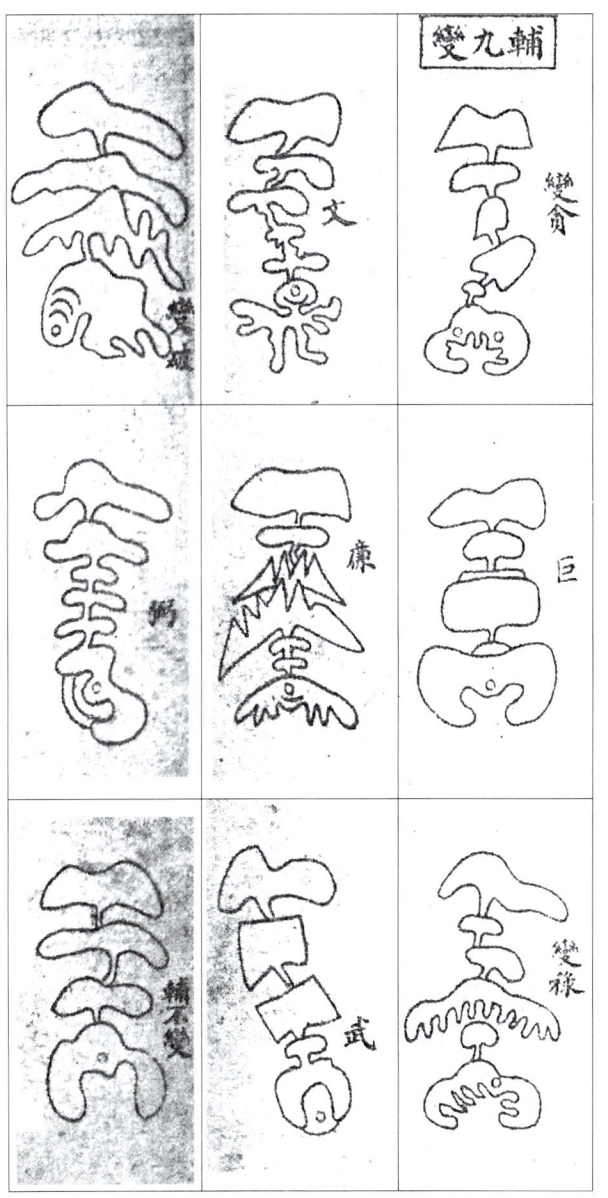

왼쪽 그림은
보에서 구변한
것이다.

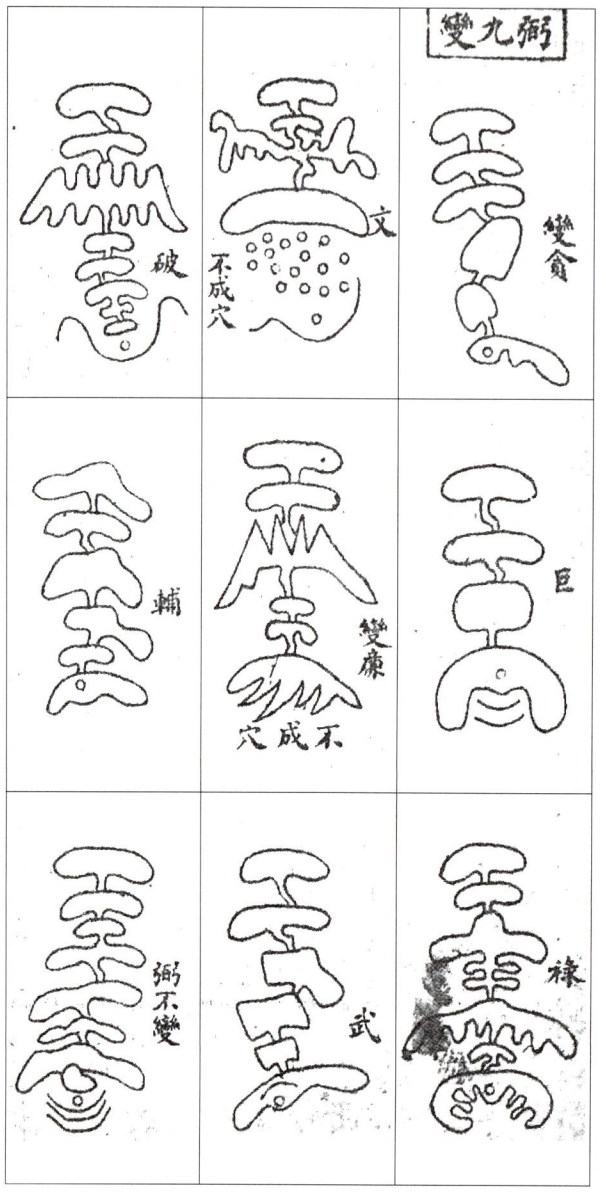

왼쪽 그림 은
필에서 구변한
것이다.

그림은 성혈
七十二, 출룡자
五, 불성혈 四 합
八十一이다.

一. 사람 얼굴에 의한 점혈법

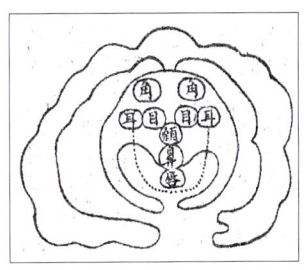

왼쪽 그림은 점혈법을 사람의 얼굴에 비유하여 말하였으니, 이는 금랑경 형세편에서 자세히 설명하고 있다.

맥은 뇌를 따라 내려오므로 이마(顙), 귀(耳), 코(鼻)의 점혈은 길하고, 뿔(角), 눈(目)은 살로써 흉하고, 입술(脣)은 사기(死氣)로써 흉하다.

二. 사람 몸에 의한 점혈법

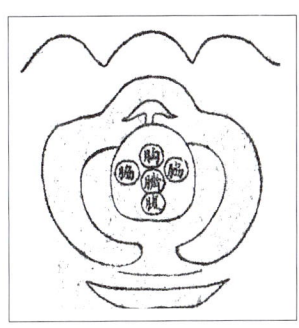

왼쪽 그림은 사람의 몸에 비유하여 점혈법을 설명하고 있다.

가슴(胸)은 절명(絶命)이고, 갈비(脇)는 뼈를 상하고, 배꼽(臍)은 손을 위로 보고 편와(窩) 형으로 길하고, 배(腹)도 기가 모인 곳으로 길하다.

第二節 평양점혈법(平陽點穴法)

이는 평지밭의 높고 낮음을 보고, 물형론으로 점혈하는 법이다.

우리나라 물형론은 추상적으로 론하였으나, 이는 자세히 보면 세밀하게 알려 주었고, 화복론도 있다.

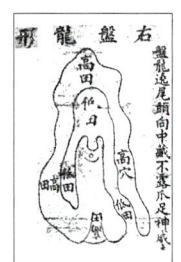

1. 우반룡형

룡이 우측으로 서리고 앉은 형

서리고 있는 룡으로 꼬리를 두르고 머리를 감추고 손톱을 나타내지 않는 룡이다.

룡의 요(曜)성(손톱)을 나타내지 않으므로 발복이 없다.

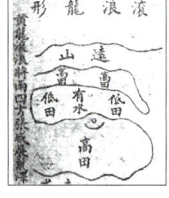

2. 곤랑룡형

룡이 흔들며 물결을 일으키는 룡형

룡이 흔들며 움직임으로 물결을 일으키니, 사방에 비를 내리게 한다.

그 위엄이 말이 갈기털을 세우고 달리는 것과 같으니, 이는 룡의 요(曜)성이 발하기 때문이다.

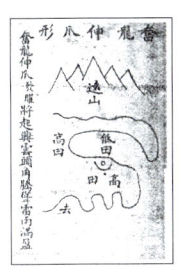

3. 분룡신조형

성난 룡이 손톱을 펴고 있는형

성난 룡이 손톱을 펴고 있으니 이는 요성의 힘이다.

장차 구름을 일으키고 두각을 위하여 솟아오르는 형으로, 그 자손의 명성이 뇌성벽력과 같이 온 천하에 가득하다.

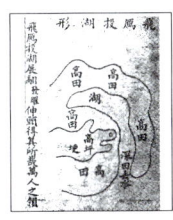

4. 비안투호형 一

나는 기러기가 호수로 내려앉기 위하여 죽지를 펴는 형

목을 길게 펴고 있는 그곳에 천혈하면 만인에 영도자가 된다.

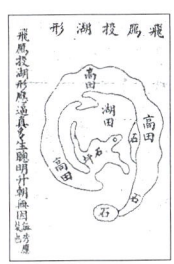

5. 비안투호형 二

나는 기러기가 호수로 내려 앉는 형

앞에 응하는 높은 밭과 돌이 가깝게 닥쳐오고 있어 총명한 자손은 많으나, 관직으로 조정에 나가지 못하는 것이다.

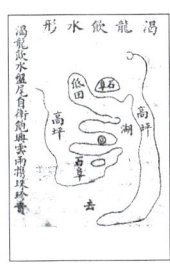

6. 갈룡음수형

목마른 룡이 물을 마시는 형

꼬리를 서리며 자기 방위를 하고, 배부르니 좋은 일이 구름과 비 같이 일어나고, 항상 구슬을 휘대하고 다니는 귀가 있다.

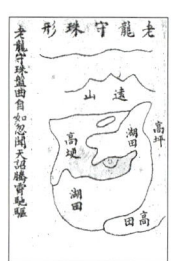

7. 로룡수주형

늙은 룡이 구슬을 지키는 형

몸을 서리고 구부린 것은 하늘에 부름을 받고 하늘 높이 말을 타고 오르기 위함이다.

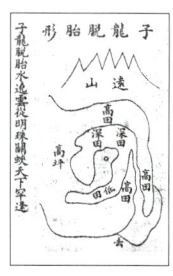

8. 자룡탈태룡

아들 룡이 태에서부터 허물을 벗고 나오는 형

물은 환포하고 구름은 따르고 여의주를 얻으니, 이는 천하에서 드물게 만나는 형국이다.

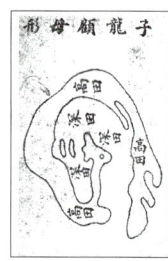

9. 자룡고모형

아들 룡이 어머니를 돌아보고 있는 형

모자 룡이 서로 서리고 머뭇거리고 바라보니, 이곳은 효의(孝義) 자손 집안에 가득하고, 주자(朱紫) 관복 입은 자가 단체로 즐거워한다.

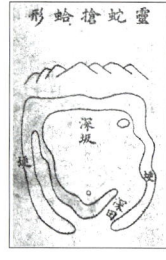

10. 영사창합형

영험한 뱀과 대합 조개가 부딪치는 형

깨끗한 생기는 대궐 안에 가득하고, 대궐 안의 모든 관료를 총괄하는 수령직에 오른다.

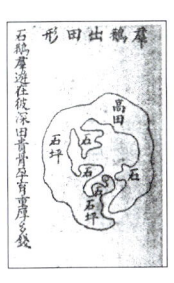

11. 군아출전형

거위떼가 모여 밭으로 나가는 형

돌형이 거위떼가 되어서 깊은 밭에서 놀고 있는 형으로, 귀한 자손을 기르고 돈이 많은 대부가 출한다.

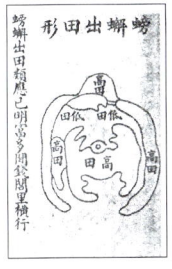

12. 방해출전형

게가 밭으로 기어나와 돌아다니는 형

부자가 명백하고 재물이 많아 온 마을을 횡횡하니, 온 천하에 그 명성을 떨친다.

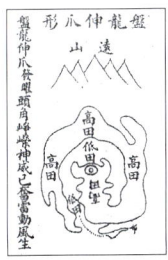

13. 반룡신조형

서리고 있는 룡이 손톱을 펴고 있는 형

혈 뒤에 머리 높은 산이 중중하니 신의 위력이 뇌성진동하고 바람을 일으킨다.

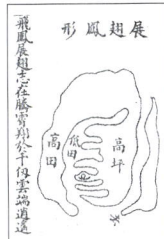

14. 전시봉형

봉황이 날기 위하여 날개를 펴고 있는 형

봉황이 나는 뜻은 하늘 높이 올라 천길 구름도 뚫고 올라 소요하고 싶은 것이다.

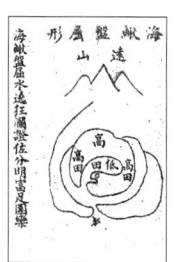

15. 해추반굴형

바다 미꾸라지가 서리고 있는 형

물이 환포한 것이 사나운 물결 같고, 부에 만족하고 자손들이 집단적으로 즐기는 것은 분명 이 형이 증명한다.

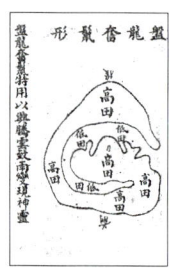

16. 반룡분렵형

말이 목에 갈기를 떨치면서 달리는 형

룡이 승천하기 위하여 구름 위까지 오르니 구름은 비로 변하며, 이는 신의 영(靈)이 나타난 것이다.

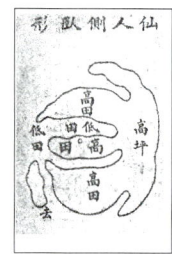

17. 선인측와형

신선이 옆으로 누워 있는 형

기를 단전에 감추고 빛나는 정신을 몰래 장악한 것은, 천지사방에 그 기를 발산하고자 함이다.

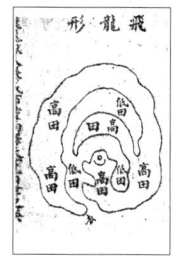

18. 비룡형

룡이 나는 형

룡이 날기 위하여 손톱을 나타내고 그 세력이 양편 끝으로 장막을 펴니 그 영화가 천하에 아득하고 백세자손에게 미친다.

19. 황룡창주형

황룡이 구슬을 얻는 형

신의 위력이 룡의 손톱에 있다. 많은 구슬이 나열하고
귀가 있는 것은 모두 하늘이 이루어 놓은 것이다.

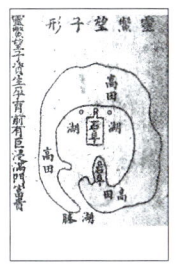

20. 령별망자형

영험한 자라가 아들을 바라보고 있는 형

자손을 낳아 기르는 데 필요한 자원은 혈전 큰 호수에
석부(石阜)가 잠겨 있기 때문이다. 주로 부귀가 문 안에
가득하다.

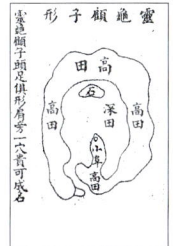

21. 영구고자형

영험한 거북이 아들을 돌아보는 형

아들을 돌아보기 위하여 머리와 다리를 갖추었고, 혈
은 어깨쪽 한 혈이며, 발귀하고 현명한다.

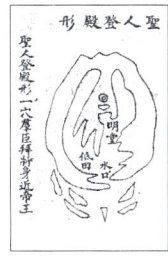

22. 성인등전형

성인이 대궐로 오르는 형

한 혈에 모든 신하가 배례하는 형으로, 장차 제왕을 가
깝게 모신다.

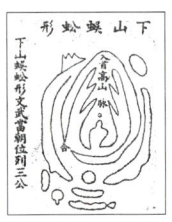

23. 하산오공형

지네가 산에서 내려오는 형

문무백관이 조회에 임하며, 그 관직이 삼공반열에 오른다.

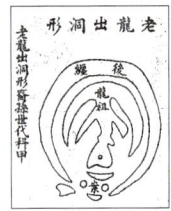

24. 로룡출동형

로룡이 마을로 내려오는 형

먼 자손에게도 세대로 과갑(과거에 급제한다)이 끊이지 않는다.

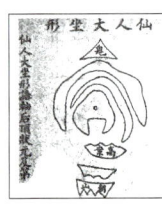

25. 선인대좌형

신선이 앉아 있는 형

이 형의 혈은 이마에 있으며, 주로 장원 급제한다.

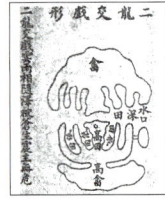

26. 이룡교희룡

두 룡이 서로 희롱하고 있는 형

구름과 비가 서로 따르며 못을 덮으니, 만 백성에게 그 위력을 떨치며, 주로 위험한 일은 없다.

27. 황룡곤랑형

황룡이 물결을 출렁이며 행하는 형

물결이 출렁이며 룡과 같이 행한다. 초년에는 불리하

고, 후에 명공이 출한다.

수구에 약간 높고 평평한 땅이 있으면 즉시 발복한다.

28. 장군좌영형

장군이 병영에 앉아 있는 형

둥근 사람의 머리와 지휘봉을 갖추었고, 구리로 만든 힘줄과 철로 만든 뼈로 무관으로 용맹을 날리고 많은 무리들을 호령한다.

돌 앞에 흙이 있는지 아는 자 없다.

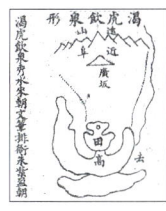

29. 갈호음천형

목마른 호랑이 샘물을 마시는 형

좋은 물이 명당으로 모여들고 문필봉이 늘어서서 관청의 문을 만드니 붉은 관복을 입은 자 조정에 가득하다.

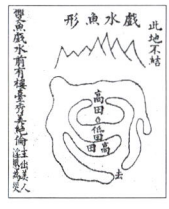

30. 희수어형

쌍 물고기가 서로 희롱하는 형

앞에 누대(樓臺)가 비록 빼어나고 아름다우나, 인륜이 끊어져 있다.

주로 미인이 출생하나, 음란으로 재앙을 부른다.

第三節 평양점혈법(平洋點穴法)

이는 평지에서 물의 흐름을 보고 물형론으로 점혈하는 법이다. 우리나라에서는 이렇게 물에 의한 점혈법이 없다. 귀중한 자료이니 많은 연구 바란다.

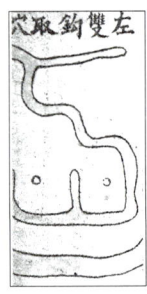

1. 좌쌍조취혈도

물의 흐름이 쌍으로 낚시형

단룡으로 양혈로 주로 부귀한다. 취국 입향 작혈시 좌양택 우음택 또는 상양택 하음택이 마땅하다.

만일, 좌 동쪽이 너무 높지 않으면 진선진미이다.

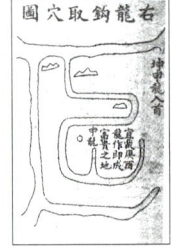

2. 우룡조취혈도

물이 쌍 낚시형으로 우로 돌아 안쪽이 정혈이고, 바깥쪽은 다음이다.

안쪽 혈은 능히 재물 발복에 자손은 영웅호걸에 지능이 많다. 바깥 혈은 힘이 약하여 역시 발복 있으나 동기간의 불화가 있다.

곤신룡입수 경유좌는 부귀지지이다.

3. 단조취혈지도

물이 하나의 낚시와 같이 굽었고 청룡 백호 양사가 안고 전전하니 주로 부귀쌍전

자손 준수 관직은 공경에 오르고, 장상(將相) 기재(奇材)를 출한다.

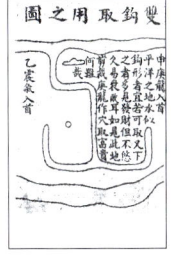

4. 쌍조취용지도

수세양분 좌측수상 우측수차이다.

진(震)기입수 주로 모략(謨略) 위권(威權) 사업을 하면 사방에 울린다. 단, 손해가 있는 것은 을(乙)기를 겸하였기 때문이다.

경(庚)기입수 주로 과감하며 도량이 넓다. 두려운 것은 과부가 나서 가업 관장 불도숭상 도적에 손해, 이는 庚룡에 신(申)양룡이 섞여 있기 때문이다.

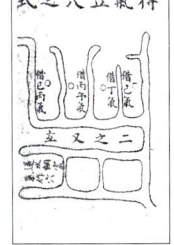

5. 득기입혈지식

큰 물이 서쪽에서 분수 쌍류 병행 등으로 一, 二 백보 교합 동쪽으로 흐르는 물 중 남향 혹 동으로 굴곡 혹 궁자(弓字)로 머리를 향한 자 이것이 정기이다. 정기 결혈 득기하였으니, 천혈함이 가하다.

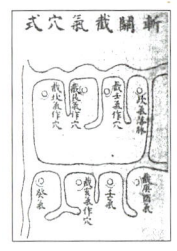

6. 참관절기혈식

축수(蓄水)로 물을 잠그니 참요절기로써 진룡 출신이나 득수 취지 처분처에서 머리를 들어 출면이 되니 사면에 혈정이라, 이를 참룡절요취기혈법이다. 이 형세자 얻거든 눈으로 그 교묘함을 보고 마음으로 생각하여 선용하면 크게 발복하는 땅이다.

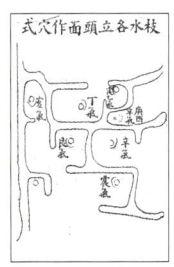

7. 지수각입두면작혈식

큰 물이 굴곡하여 작은 물로 나눈 중간에 결혈하는 것이다. 혹 삼길육수에 합하고 음양수법에 합하면 당국평지로 무충 무파의 소결지이다. 그러나 지리에 능한 자가 천혈에 합법하면 발복이 영원하리라.

이 혈은 물이 마른 넓은 광야에 많다.

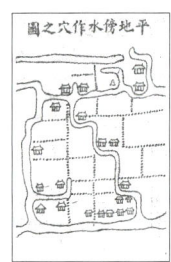

8. 평지방수작혈지도

평지의 방수가 많은 데 입혈하는 법으로, 물이 산뱀과 같이 굴곡이 많다.

일곡에 일혈이다. 묘택을 정하는데, 밭의 둔덕을 룡으로 보고 좌우의 높은 곳은 사격, 평지는 혈로, 물을 취하는 법은 유정한 곳이다.

기울고 배반한 곳에 천혈하면 가벼운 부귀는 있으나, 크게 현달 못하고 힘이 쇠하여 망하며 오래가지 못한다.

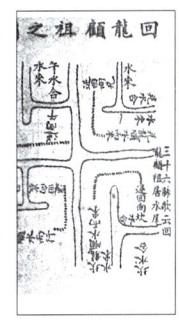

9. 회룡고조지도

룡이 행하다가 부모산을 돌아보고 있는 형

이는 부모의 생기가 근본이다.

감룡 순수하다가 역회전하여 감으로 향을 이룬 형이다.

태(兌)룡, 오(午)룡, 진(震)룡 모두 부모의 생기를 벗어나지 못하고 돌아보고 있다.

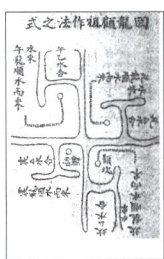

10. 회룡고조작혈법

룡이 행하다가 조산을 돌아보는 형

회룡은 반룡(盤龍) 사격 혹은 수의 곡절에 의하여 조산을 돌아보고 결혈하는 것이다. 부모의 본성을 이탈하지 못한다. 이곳에 천혈하면 대지가 된다.

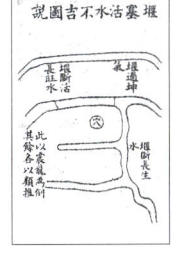

11. 언색활수불길도

흘러가는 물을 언덕으로 막아 불길하게 되는 형

평지에서 득수의 사생(死生)을 살필 것이며, 묘택에 있어 맑은 샘물의 래거는 합법하여야 한다. 혹 물고기를 잡기 위하여 언덕을 쌓아 물을 막던가, 각 부분의 길흉을 위해서 물의 래거를 막으면 물은 썩어서 흉수가 된다. 坤방과 巽방을 막아 장생수 왕수를 흉수로 만들었다.

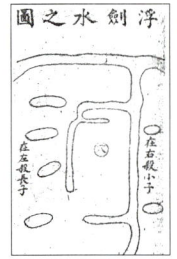

12. 부검수지도

칼이 물에 떠 있는 형

룡진혈정 수청사수하고 합법이면 부귀 많다. 그러나 원근에 장직수(長直)나 연못이 있으면 이를 부검수라 한다. 이 물은 룡맥을 충하고 혈장을 파하는 최흉인데, 아는 자 많지 않다.

주로 타향에서 죽고 자손에게 급히 화가 온다. 모이는 곳 一조, 二조, 三, 四조이면 각각 그에 대한 흉이 있다.

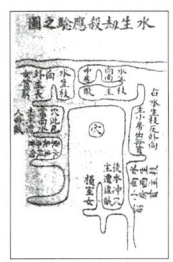

13. 수생겁살응험지도

평지에 수신래거 합법하면 부귀 출현하는데, 자손마다 그 부귀빈천이 고르지 못한 것은 이 물에 겁살이 있기 때문이다. 북좌 남향하고 전후좌우의 물이 백보 혹 五, 六십보 등에 있어 혈에 생기를 설기하기 때문이다.

남방중녀, 북방중남, 좌동방장남, 우서방소녀 손방장녀

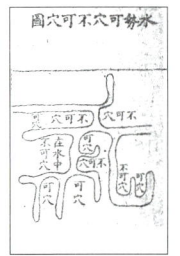

14. 수세가혈 불가혈도

수세에 의하여 가혈과 불가혈이 구분된다. 수세 일부를 메우던지 방죽을 쌓던지 좌향을 변경하면 불가혈을 가혈로 할 수 있다.

만일 지지상이면 최흉이니, 이 두 그림을 풍수에 능한 자 이를 변통하여 길지로 일국을 구한다. 각국도 이에 의하여 추측하여야 한다.

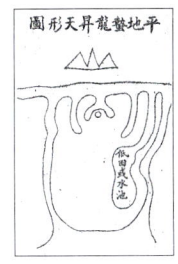

15. 평지칩룡승천형

평지에 숨은 룡이 승천하는 형

대수는 앞에 좌우수 굴곡 주환으로 진룡이다. 좌우의 언덕은 상운뢰전(祥雲雷電)형으로 결혈처에 양변 쌍검(双鉗)으로 극귀지이다.

천혈합법 반드시 최고로 귀하며, 형제 공경 자손세현에 이른다.

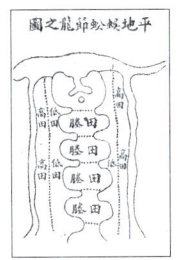

16. 평지오공절룡지도

지네형으로 밭언덕에 七절, 八절 혹은 十여 절로 양변의 밭에 높고 낮음이 지네의 다리와 흡사하며, 결혈처는 쌍겸으로 입을 열고 있다.

형상은 룡과 다르다. 주로 대귀에 출인 장상이다. 혹 직래 굴곡 모두 부귀지지이다.

좌우의 사수가 주밀하게 호위하고 방위가 길하면 더욱 귀하다. 만일 완경 혹은 넓으면 지네로 인정하기 어렵다.

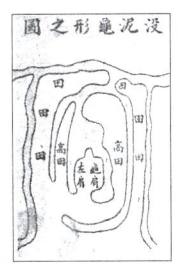

17. 몰니구형지도

진흙 수렁에 잠기어 있는 거북형

높은 밭이 사방에 여러 번 품고 있으며, 밭이 점점 낮아지다가 다시 높은 밭 평지로써 금수행으로 몰니구형이다.

안산의 응함을 얻어야 하고, 수세, 경계 지점에 천혈하면 자손 부귀쌍전한다. 좌우에 어깨(금낭경에 론함) 좌우눈(眼)에 천혈하고, 사방 밭의 고저가 적당하면 최귀이다.

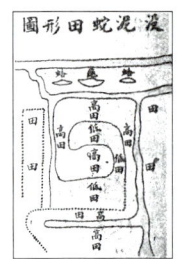

18. 몰니사전형도

진흙 수렁에 뱀이 잠긴 형

평지밭의 형이 고저 곡절 반선(盤旋) 등이 산 뱀이 진흙 수렁에 잠기는 형과 같다.

안대를 보아 그 국에 유정처가 혈처이다. 왕자혈(王字穴) 기당혈(氣當穴)에 합법천혈이면, 자손 관직으로 근 제왕하고 식록 만종이다. 중요한 것은 안사로 거북 조개형이 있으면 반드시 세대 영화지로 관복이 끊이지 않는다.

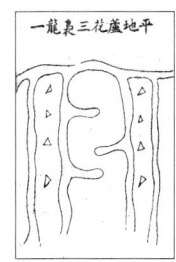

19. 평지로화삼조룡 一

평지 갈대 밭에 三번 수성 굴곡된 룡

만일 홀로 나타나면 주로 음란하고 十리, 五리에 이르러 결혈처에 이르고, 전호(纏護) 주밀하면 주로 장원급제 공경의 귀이다.

좌우 양변 지수(枝水) 三절 四절 생하면 기맥 활동이 굴곡되어 역시 발귀한다.

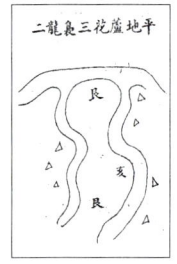

20. 평지로화삼조룡 二

평지 갈대밭에 三절 굽은 룡

옆으로 오면 곧게 굴곡하고, 곧게 굴곡하여 오면 옆으로 펴서 三절, 四절한 룡이다. 흡사 갈대밭 초입 길에서 三절, 四절 따라 도달하니 그 활동이 진룡과 같다.

혈성이 길하여 복력이 크며 부귀가 오래간다. 艮룡이 亥룡으로 굴곡하였다가 艮 입수한 룡이다.

21. 평지옥폐九급룡 一

양변에 수세가 위이 곡절 중간 지형에 한 번 일어나고 한 번 엎드린 것이, 마치 대궐의 계단이 九번 이룬 형이다.

이 룡은 亥룡에서 艮룡으로 다시 艮룡에서 亥입수하니 귀룡에 상승(相承)이다. 주로 한집의 깨끗하고 말을 타는 옥당귀이다. 그 외에 震庚巽辛 등룡도 이와 같으면 주로 대간 고관직으로 근제왕한다.

22. 평지당계九급룡 二

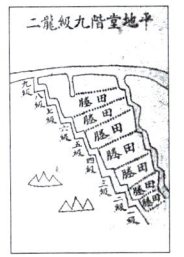

수세 양변으로 구곡(九曲)수 명당으로 조입하고, 좌우 수 굴곡이 九절로 그 중간은 둔덕 기복이 계단 같아 결혈처를 이루니, 이를 옥계라 하며, 대귀지지이다.

주로 태평세대에 재상 충신 대대로 관직 근제왕 여자는 왕후가 난다. 특히, 안산의 응함을 볼 것이며, 그 산의 응험에 의한다.

23. 연화출수형

평지 앞의 큰 물 혹은 호수 많은 물 가운데 출현한 수사(秀砂)가 있고, 좌우개겸(開鉗)이 단정하고 균일하며, 중간의 원형사는 금수형으로 양방에 장사가 환포하며 출현한 연화출수형이다. 주로 자손대대 관직 한림에 청요직, 여자는 귀한 사위를 부르고, 또한 부마도 난다.

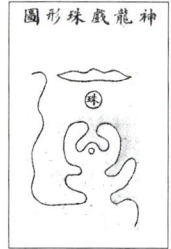

24. 신룡희주형

평지 가깝게 연못 호수로 룡이 굴곡하여 행하고 사두(砂頭) 개겸(開鉗)하며, 신룡이 면전에 여의주를 희롱하는 형이다.

이 때 호수 밖의 사격이 상운(祥雲)형이어야 한다. 주로 형제 등과 귀는 경상 자자손손 현관, 높은 산 지룡(枝龍)이 아래로 내려와 평평한 언덕을 형성, 역시 조정의 대신으로 근제왕한다.

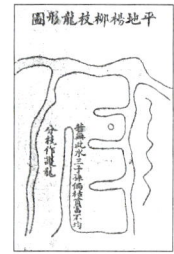

25. 평지양류지룡형도

평지에 기이한 혈이 많이 발생해도 발견하고도 못 쓰는 수가 있다. 버드나무 가지처럼 한 룡이 평지에서 수변과 경계 분명 전호 주밀 합법점혈하면, 주로 자손 준수하고 관직 공경에 이른다.

단, 가장 두려워하는 것은 마른나무가지에 치우친 것이니, 이곳은 생녀하나 생남 불가하고 자손은 풍병 등 불치병으로 고생한다.

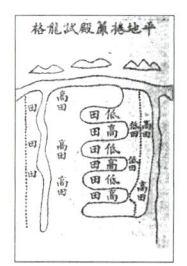

26. 평지권렴전시룡격

옆으로 된 밭은 높고 낮은 기복에서 생하고, 뒤에서 정맥이 와서 결혈처를 이루고, 수세는 면궁(眠弓)으로 양변의 수계 분명 방수는 높은 밭에 접하였다.

외안(外案) 사격은 대궐집 같으며, 좌우의 사격은 귀인을 모시듯이 서 있으니, 이는 대궐에서 자리를 펴고 시험을 보는 형이다. 주로 례전(禮典) 문형(文衡)을 장악하고, 그 직의 최고가 된다.

27. 옥가부수형

두꺼비가 물에 떠 있는 형

결혈 중심 양밭 둔덕에 돌출한 사격은 룡호로 포위한 것이니, 최고로 기묘하다.

혈전이 넓고 외사유정 고저가 적당하면, 이곳에 합법 천혈하면 극히 아름답고 기묘하다. 주로 자손 준수하고, 부귀 공명하다.

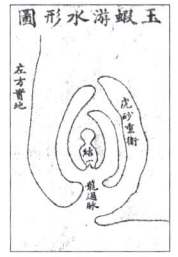

28. 옥가 유수형

두꺼비가 물 위에서 놀고 있는 형

높은 산에서 일어난 룡이 모든 것을 벗고 평지 물 가운데 와서 이루어진 형 혹은 호수 가운데 결성된 사형(砂形) 최길, 합법 천혈하면 대귀지지이다.

만일 단독이거나 외사 곧게 환포하지 않고 호수물이 넘실거려 룡을 침식하여 씻어 가면 광중이 붕괴되어, 이곳은 쓸 수 없는 땅으로 흉지이다.

參考文獻

1. 古 文 獻

前 大林大學　勤務　黃鏞健(慶北　醴泉人)으로부터 인수 중국고서
地理大全入門要訣 七券 康熙　乙卯 서기 1735년 발간

地理六法大全	六券
地理五訣	八券
地理大全輯要	十券
地四彈子	四券
地理陽宅大全	四券
點穴大全	六券

2. 현대 문헌

청오경, 금낭경	최창조 역주 · 1993년 · (주)민음사
地 理 新 法	김두규 역해 · 2004년 · 비봉출판사
精通通脈地理	윤갑원 편저 · 2000년 · 지선당
名 師 秘 傳	이명석 저 · 2001년 · 대보사
正 傳 易 解	박재완 저 · 1991년 · 한국경제신문사
天 機 大 要	성여훈 원저 · 1977년 · 대지문화

만든사람들

기획·진행_ 최성만

홍보_ 이미연

북디자인_ 박동규(ADQCOM)

편집디자인_ 현은정(상현문화사)

마케팅_ 김유재·변재업

제작_ 구본철

쉽게 풀어쓴 풍수지리사전

지은이 / 곽민석
펴낸이 / 이종춘
펴낸곳 / 성안당

주소 / 경기도 고양시 일산구 장항동 596-15
전화 / 02) 844-0511 · 팩스 / 02) 844-8177

등록 / 1973. 2. 1. 제13-12호
초판 1쇄 인쇄 / 2005년 5월 23일
초판 1쇄 발행 / 2005년 6월 1일

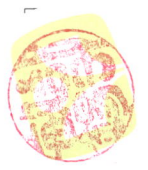

수신자부담전화 / 080-544-0511
홈페이지 / www.cyber.co.kr

ISBN 89-315-7154-2   정가 30,000원